数字化赋能

从思维创新到方法实施

刘斐 许斌◎著

中华工商联合出版社

图书在版编目（CIP）数据

数字化赋能：从思维创新到方法实施 / 刘斐，许斌著．-- 北京：中华工商联合出版社，2023.8
ISBN 978-7-5158-3703-1

Ⅰ．①数… Ⅱ．①刘… ②许… Ⅲ．①数字技术－应用－企业管理 Ⅳ．① F272.7

中国国家版本馆 CIP 数据核字（2023）第 113537 号

数字化赋能：从思维创新到方法实施

作　　者：	刘　斐　许　斌
出 品 人：	刘　刚
图 书 策 划：	蓝色畅想
责 任 编 辑：	吴建新　林　立
装 帧 设 计：	刘红刚
责 任 审 读：	郭敬梅
责 任 印 制：	迈致红
出 版 发 行：	中华工商联合出版社有限责任公司
印　　刷：	凯德印刷（天津）有限公司
版　　次：	2023年8月第1版
印　　次：	2023年8月第1次印刷
开　　本：	710mm × 1000mm　1/16
字　　数：	217千字
印　　张：	16
书　　号：	ISBN 978-7-5158-3703-1
定　　价：	56.00元

服务热线：010-58301130-0（前台）

销售热线：010-58302977（网店部）
　　　　　010-58302166（门店部）
　　　　　010-58302837（馆配部、新媒体部）
　　　　　010-58302813（团购部）

地址邮编：北京市西城区西环广场A座
　　　　　19-20层，100044

http://www.chgscbs.cn

投稿热线：010-58302907（总编室）

投稿邮箱：1621239583@qq.com

工商联版图书
版权所有　盗版必究

凡本社图书出现印装质量问题，请与印务部联系。

联系电话：010-58302915

序　言

当今世界正经历百年未有之大变局,以数字技术为核心驱动力的新一轮科技革命和产业变革深刻影响着各行各业转型升级的进程。菲利普·科特勒先生在《营销革命4.0》中谈到,随着数字经济的发展,商业模式正在向水平、包容和社会性方向上发生三大转变,他认为"营销应该适应消费者或客户的路径变化。营销人员的职责是引导客户完成从了解产品到最终实现品牌拥护的全过程"。那么在数字经济的转型期,随着新的营销模式的进化,企业需要快速对营销人员进行相关的数字化能力的赋能,同时数字化技术在培训中同样可以产生巨大的应用价值。

作为负责大型企业几十万人营销队伍赋能的总教练,我在长达十多年的营销队伍建设和训战操盘过程中,不断精进企业"课堂培训+实战演练"的基本模式。但近年来,随着培训生态环境和商业模式的大变迁,这种基本模式受到了巨大挑战。疫情期间对于传统培训的影响显而易见,线下培训在场地、人数等方面受到严重限制,一些培训机构经营困难甚至倒闭。课堂培训尚且困难,更不用说营销实战实操了,这倒逼我们不得不另辟蹊径,寻找更合适、更有效率的训战之路。因此,如何打造数字化训战能力,化解传统线下训战低效、衰减的劣势,构筑数字化快速赋能的核心竞争力，实现快速穿透和高效覆盖，让训战成为助力企业绩效增长的引擎，是我们迫切需要攻克的难题。

在企业实践中，我们尝试了社群实战、场景化视训、线上线下融合训战等多种方法，聚焦一线的营销团队，在一线营销场景中取得了不俗成效，并且帮助企业显著改进了绩效。这些实践也多次成功拿下ATD（人才发展协会）卓越实践、ISPI（国际绩效改进协会）绩效改进最佳实践等国际奖项。基于这些实践经历，我们团队萃取了数字化训战关键要点、核心流程和工具方法，并匹配了实操案例，希望能让大家更加全面地认识数字化训战，匹配自身组织特点来选择应用，帮助其他和我们此前一样陷入困顿的企业走出泥潭、快速成长。

管理学大师彼得·圣吉在《第五项修炼》一书中谈到，"一种训练或修炼是为获取某些技能或者能力的培育发展路径。像其他任何一种训练修习一样……任何人通过练习都能达到熟练和精通"。通过阅读本书，大家会发现，其实训战的数字化转型同样如此，首先需要心智模式的转变，然后掌握书中所说的必须具备的方法及技巧，同时结合企业实际创新优化，就可以形成一套实用的本土化数字化打法。因此，人人都能成为数字化训战的专家。

最后，这本书是基于企业实践经验进行的总结，也是探索过程中的一些思考，相信其中会有很多不够成熟的地方，欢迎各位读者批评指正。希望本书能够对大家有所启发，对企业训战组织有所裨益，这是我们撰写这本书的初衷，也将是莫大的荣幸。

目　录

第一篇　基础篇

第一章　数字化训战是什么

第一节　厘清几个概念 /4

第二节　传统训战的瓶颈 /11

第三节　数字化转型的颠覆与回归 /19

第二章　还原场景：数字化训战解决什么问题

第一节　还原：后疫情时代企业的机遇与方向 /26

第二节　赋能：数字化训战为企业带来的价值 /34

第三节　落地：数字化训战的几个抓手 /42

第四节　萃取：企业数字化训战后的成果整理 /56

第三章　组建一支高效的训战团队

第一节　青出于蓝：内训师队伍视图 /66

第二节　春风化雨：内训师重点工作 /70

第三节　润物无声：内训师培养路径 /81

第二篇 工具篇

第四章 数字化工具

第一节 培训工具箱：三大经典学习类工具 /92

第二节 实战工具箱：四种进阶运营类工具 /97

第三节 评估工具箱：五类高阶数据类工具 /114

第五章 数字化流程

第一节 互联网社交裂变 /126

第二节 数字化场景视训 /130

第三节 数字化实地赋能 /135

第三篇 实战篇

第六章 短视频直播带货实战案例

第一节 短视频创作分享 /146

第二节 A省公司直播历程分享 /150

第七章 O2O社群实战案例

第一节 社群营销场景实战 /158

第二节 基于LBS定位的平台集约引流场景实战 /162

第三节 特卖会组织实战 /164

第四节 电竞社群运营实战 /166

第八章　场景化视训实战

第一节　以"大咖秀"为例详解场景化视训 /172

第二节　场景化视训案例之脚本框架 /178

第九章　规模化的精准培训实战

第一节　规模化的精准培训实战之店长驻训 /186

第二节　A 集团区域联训实战 /202

第十章　经营单元诊训实战

第一节　经营单元诊训实战之炒店 /212

第二节　经营单元诊训实战之微营销 /224

第三节　经营单元诊训实战之现场管理 /231

第四节　经营单元诊训实战之团队管理 /239

第一篇
基础篇

第一章

北洲篇

第一章

数字化训战是什么

第一节　厘清几个概念

"数字化"是当下十分常见的概念，例如我们的生活中常会出现"数字化管理""金融数字化""数字化生活""数字化转型"这样的词语，尽管大部分人对其具体的含义理解得并不深刻，但这并不影响人们常用这些词汇描述自己的处境、目的等；"训战"也是我们培训师十分熟悉的培训模式，在具体的工作中，我们经常将训战的培训模式挂在嘴边，也会经常应用到实际中。那么，将"数字化"和"训战"组合在一起的"数字化训战"到底是什么呢？

在了解这个概念之前，我们或许应该先厘清以下几个概念的含义，这有利于我们更进一步地把握到底什么是数字化训战（如图1-1）。

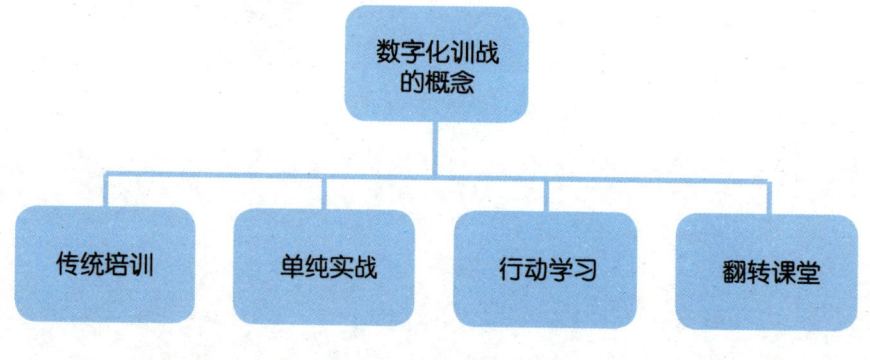

图1-1　与数字化训战相关的四个概念

1. 传统培训

传统培训与现代培训相对，指的是一种培训师直接面对学员授课的培训方式。传统培训经过了较长时间的检验，其培训形式、培训方法、培训效果等得到了大多数人的认可，是大多数培训师和大多数有培训需求的学员愿意选择的培训方式。其培训方法多样，常见的有以下几种（如图1-2）。

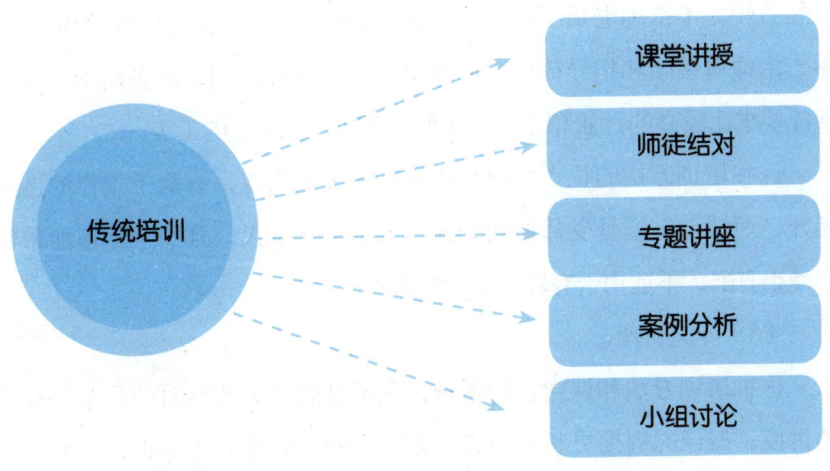

图 1-2　传统培训的五种培训方法

（1）课堂讲授。

这种培训方法和大家熟悉的教师授课的模式很像，它也出现在类似教室的场景中，由一位培训师在讲台上以讲述、讲解、讲演等方式，将复杂、抽象的内容浅显易懂地、形象地传播给学员。

这种培训方法优点很明显，即培训师可以非常完整、系统地将自己的知识传递给学员；学员也能够及时地与培训师或同学沟通交流；对环境和设备等的要求低，整体的培训费用较为合理。

但这种培训方法也有较为明显的缺点，首先是对培训师的要求非常高，培训的好坏主要取决于培训师水平的高低；其次，授课模式也比较单调枯燥，对于离开校园已久的成年人来说非常不友好；最后，单纯的讲授也非常容易造成理论与实践的脱节。

（2）师徒结对。

这种培训方法指的是我们比较熟悉的"师傅带徒弟"的培训，由一位经验较为丰富的老员工和一位刚入职的新员工结成比较稳定的师徒关系，由师傅带领和指导徒弟完成各项工作。这种培训方法多用于一些对技能要求比较高的行业和工作，例如美发师、木匠、电工等。

这种培训方法的优点主要是成本低、关系稳定，有利于工作的迅速展开；而缺点主要是受师傅的个人能力影响非常大，且一个师傅能带领的徒弟有限，不适用于有较多学员的培训。

（3）专题讲座。

这种培训方法和课堂讲授很像，只不过后者主要针对的是系统知识的讲授，授课的周期更长；前者主要针对的是专题式的知识，一般一个专题培训一次或几次，周期短。

专题讲座占用的时间短、形式灵活、针对性强、效果佳，是目前很多培训公司选用的培训形式。

（4）案例分析。

这种培训方法指的是培训师给出实际发生的案例，引导学员独立或者以小组合作方式分析这个案例并提出解决方法。

由于培训案例多来源于实际工作经历，这种培训方法能产生很好的培训效果，有助于学员养成独立思考、独立分析的能力。这种培训方法的难度在于要选取有代表性和启发性的实际案例，且培训师的总体把控力要非常强。

（5）小组讨论。

小组讨论同样是一种比较有效且应用广泛的培训方法。一般流程是，培训师先对基本概念和背景知识进行一定的讲解，然后将学员按照一定的数量分组，引导他们就某一个主题展开讨论。

这种培训方法能够引导绝大部分的学员参与讨论，提高他们的学习主动性和学习兴趣，加深他们对培训内容的理解，也有利于组员间知识和经验的共享。

然而，小组讨论在实际操作中很容易出现讨论不充分、离题、效果不好等情况，对小组长的组织能力有一定的要求。

2. 单纯实战

单纯实战指的是没有任何指导和培训的纯实战演练。

实战在这里指的是在真实的场景中，与真实的人们发生真实的商业切磋（如图1-3）。

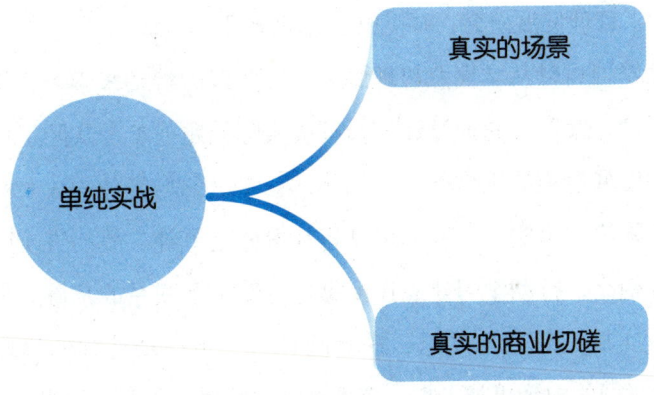

图1-3　单纯实战的两个要素

如今，这种单纯实战式的培训在业内很受欢迎，很多经验派秉持着"让人学会游泳的最快方式是直接将他扔到泳池中"的理念，认为一个人要想学会某样东西，必须处于真实的场景中，因此，单纯实战是最好的培训模式。

这种模式的优点和弊端都非常明显。优点在于，当人们处于真实的场景和环境中时，会迅速进入状态，并调动自己过往的经验，应对眼前的难题。人们在不断面对难题和解决难题的过程中，能力得到了提升，最终快速地达到了想要的培训效果。

弊端在于，这样的模式并不适合每一位学员，有些学员基础薄弱，对行业没有基本的常识和概念，这样直接将其推入实战，不仅达不到想要的效果，反而可能对学员自身造成一定的精神伤害。另外，这样的模式缺少理论的指导，让原本可以在短期内解决的问题一直得不到解决，学员多走很多弯路，浪费了时间和资源。

3. 行动学习

行动学习起源于欧洲，最早是由英国学者雷格·瑞文斯（Reg Revans）教授提出的，当时是第二次世界大战之后，他受英国政府的委托，开始了管理发展研究，并提出了行动学习法。

行动学习可以从字面意思理解为"以实践的行动来学习，从学习中来实践行动方案"，它通过让学员解决实际问题或参与实际工作项目，来挖掘和发展他们的工作能力，例如，让学员参与具体的攻关小组、业务拓展团队等。事实上，我们可以将其看成是单纯实战的进阶版本，与单纯实战相比，行动学习建立在反思与行动相互联系的基础之上，是一个计划、实施、总结与反思，进而制订下一步行动计划的循环学习过程。行动学习的内涵更加丰富，模式也更加科学和合理（如图1-4）。

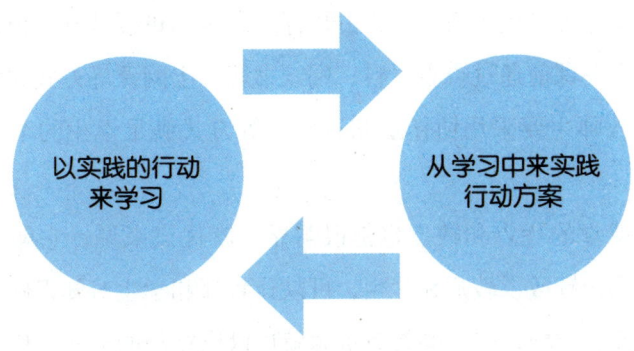

图 1-4　行动学习的两个方面

雷格·瑞文斯教授曾经用了一个公式来说明行动学习：

$$L=P+Q$$

在这里，L（learn）指的是学习，P（Programmed Knowledge）指的是结构化的知识，而 Q（Questions）则指的是有见解的问题。

到了20世纪90年代末期，行动学习的内涵得到了扩展，美国乔治华盛顿大学教授马奎特在其图书《行动学习进行时》中在原来的行动学习公式的基础上，加上了R和I，将其表示为：

$$AL=P+Q+R+I$$

在这里，AL（Action Learning）指的是行动学习，P（Programmed Knowledge）指的是结构化的知识，Q(Questions)指的是质疑（有洞察性的问题），R(Reflection)指的是反思，I(Implementation)指的是执行。因此，行动学习=结构化的知识+质疑+反思+执行。

4. 翻转课堂

翻转课堂译自"Flipped Classroom"或"Inverted Classroom"，又被称为颠倒课堂，是一种较为新颖的教学模式。在这种教学模式中，学习的主动权交还给学生，教师不再占用课堂的时间讲授基础知识，这些知识都由学生在课前通过查看资料、阅读书籍、上网课等方式完成学习，在课堂上教师主要采用协作法和讲授法等方式满足学生的个性化学习需求。

翻转课堂的优点和缺点也都很明显。就优点来说，它颠覆了传统的授课方式，解放了教师和学生，可以让教师和学生对知识做更深入的探讨和研究。这样，优质的教育资源就可以以视频的形式推广和应用，有助于教育资源的均衡化。例如，近年来，网易公益发起的"一块屏"公益项目，在一定程度上就体现了翻转课堂的理念。这个公益项目是以"硬件+软件+平台"的方式，让贫困地区中小学生与发达地区的中小学生同步，在线上获取优质的教育资源，再通过线下教师讲解的方式巩固知识。

然而，在翻转课堂这种授课方式中，学生的自主权过大，对于学习自主性不强或者对学习没有足够认识的学生来说，反倒发挥不出这种授课方式的优势，甚至达不到传统授课方式的学习效果（如图1-5）。

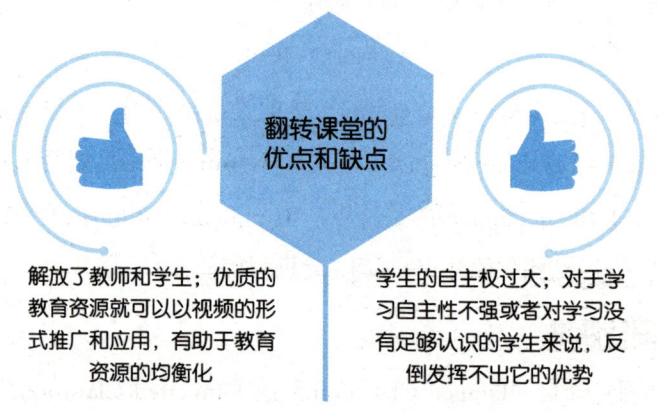

图1-5 翻转课堂的优点和缺点

第二节 传统训战的瓶颈

1. 什么是传统训战

训战，顾名思义就是要"像打仗一样训练，像训练一样打仗"，它最早出现在军队中，是一种较为先进的军事训练方法。训战的核心是作战任务，其目的是使军队较快地适应实战，提高作战的能力。其方式是提供符合战争实况的训练内容和训练环境，模拟真实的作战方式。

这种训战方式能做到高效的成果转化，很快被推广到企业培训中。例如，华为大学就提倡"训战结合、循环赋能"，将实战引入业务培训中。华为创始人任正非先生曾说："赋能不是关起门来学习，而是要训战结合。""仗怎么打，兵就怎么练。""证明一个人是不是好种子，要看实践，实践好了再给他机会，循环做大项目，将来再担负更大的重任，十年下来就是将军了。"这些话给华为的训战式培训提供了基本的思路，也为华为的成功打下了坚实的基础。由此可见，训战就是将培训和实战融为一体，在赋能同时紧抓实战，实现培训对业务的精准提升。

传统训战有以下三个理论基础（如图1-6）。

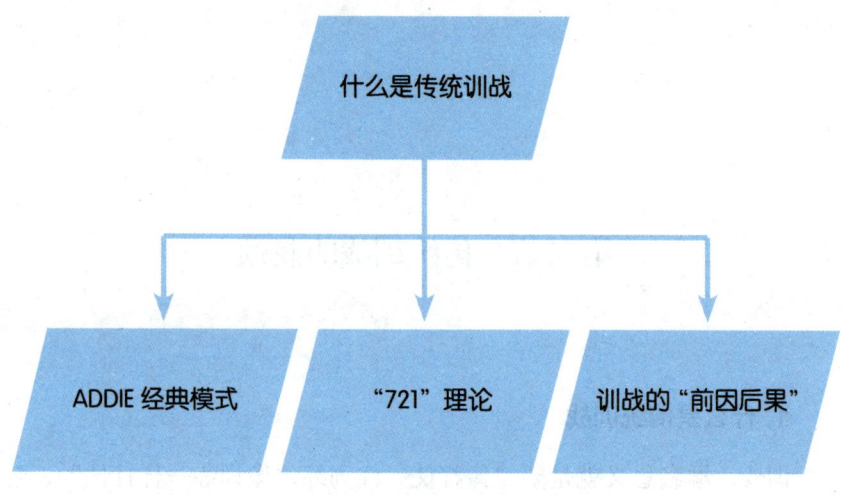

图 1-6　传统训战的三个理论基础

（1）ADDIE经典模型。

虽然企业培训与军事训练有一定的关联之处，但两者之间还是有着本质区别的。企业培训以营利和实用为导向，需要设计一个科学的系统并能够准确地落实与实施。因此，在把训战引入企业培训时，人们还用"ADDIE经典模型"对传统的企业培训进行了分析。

ADDIE经典模型最初是美国佛罗里达州立大学为美国陆军设计的，指的是分析（Analysis）、设计（Design）、开发（Develop）、实施（Implement）、评价（Evaluate）。这个模型在企业培训中得到了广泛的应用，有人这样肯定它的地位："做企业培训的不懂ADDIE经典模型，就像打仗的人不懂得用枪！"

在对传统培训中的培训需求、培训设计、培训资源开发、培训实施、培训评估等分析后人们发现，在传统的企业培训中，存在培训项目与组织战略之间关联性不强，培训缺乏系统性和逻辑性，组织功能对培训项目缺乏支持等弊病。要想使企业培训有效，就一定要通过具体的培训实践来实现。为此，人们又将训战中的"721"理论引入企业培训。

（2）"721"理论。

"721"理论是一个与学习实践紧密相关的学习理论，它指的是，在企业的人才培养中，70%的学习来自于员工真实的工作经历和生活体验，员工要完成平时工作中的任务并解决问题，作为学习和发展计划中的最重要的方面；20%的学习来自于反馈和同行榜样，员工在与其他同事一同工作时，要注意观察和学习别人的长处；10%的学习来自于正规的培训。

由此可见，"721"理论为企业的人才培训奠定了基调，并指明了路径。我们从这个学习理论中不难发现，学员自身的工作和生活经历对于学习来说是最重要的，而学习的根基正是丰富而扎实的实践活动；此外，同事同样是一种非常宝贵的可借鉴的学习"资源"。

在具体的训战中，依据"721"理论，培训可以将70%落在仿真体验和问题解决上，要求学员体验或模拟真实的工作过程和工作场景，并完成工作任务或解决工作中的问题；20%落在互动研讨、反馈辅导和观察学习上，要求学员在团队中进行互动和研讨，与经验丰富或者能力出众的学员一起实践和工作；10%落在课堂学习上，培训师以授课的方式为学员讲解理论知识和告知相关信息。

（3）训战的"前因后果"。

我们要了解到，训战不是割裂孤立的，它是推动战略落地、组织升级、人才发展的利器，本身也会随着战略、组织、人才的发展而不断发展优化。为此，我们有必要了解训战的"前因后果"，以便于完整地了解什么是训战。

训战的"前因"，是充分链接战略目标、企业文化、人才。

众多的实践证明，高效、准确的企业战略实施是企业实现目标的关键和保证。美国《财富》杂志曾作过统计："70%的企业失败的原因不是战略制定的错误，而是所制定的战略没有被有效地执行。"因此，在企业战略这一步，实施变得尤为关键，我们要对战略目标做出有效的分解和澄清，要对战略目标的落地做出有价值的训战，通过对关键任务的层层突破，帮助企业实现其战略目标。

企业的文化是战略落地的保障。被誉为"世界第一CEO"的前通用电气集团的杰克·韦尔奇指出："资产重组只可以提高一时的公司生产力，只有文化上的改变才能维持高生产力的发展。"我国学者魏杰在《企业文化塑造：企业生命常青藤》中是这样定义企业文化的："所谓企业文化就是企业信奉并付诸实践的价值理念，也就是说，企业信奉和倡导并在实践中真正实行的价值理念。"而从战略管理的角度来看，战略的制定要以企业文化为基础；从组织发展的角度来看，企业文化是组织发展的落脚点和保障。因此，在训战前，企业要重视培育企业文化，营造一个强的场域，以保障训战项目的有效实施。

人才是企业的关键，在训战前，我们一定要做好企业人才的盘点，通过专业的测评表，了解企业员工的优势、薄弱处、能力、岗位匹配度等情况。这样，我们就可以很好地在训战中进行职业规划、人才规划、绩效管理等项目。人才是训战的主体，只有做到深度把握企业中人才的根本情况，才能打赢训战。

训战的"后果"，即训战的目的，就是帮助企业做到战略迭代、文化升级和人才优化。在前面，我们提到了战略的制定和实施。事实上，不是所有的企业战略都能够被高效执行，一些战略在制定阶段就出现了问题，不具备执行的可能性，一些战略则在实施过程中发现了漏洞，需要修订和更新。因此，训战的目的之一就是帮助企业检验、建构一个新的以客户为核心的战略体系，实现企业战略的迭代。

训战是文化升级和人才优化的有效途径，文化升级和人才优化是训战的目标成果。以人为导向的训战项目必然会促动人的改变，而人的改变会导致场域的改变，场域的改变使得企业的文化轻松完成了升级。

2. 传统训战的瓶颈

传统训战脱胎于军事训练，用军事训练的思维方式指导企业培训，在很长一段时间内，取得了可喜的成绩。华为大学的成功就是一个很好的例子。然而随着环境的变化、技术的改变，人们的观念也发生了改变。在应对企业的具体的实际问题时，传统训战表现出"心有余而力不足"的窘境，训战的培训模式遇到挑战，传统训战出现了瓶颈。传统训战的瓶颈归纳起来有以下几点（如图1-7）。

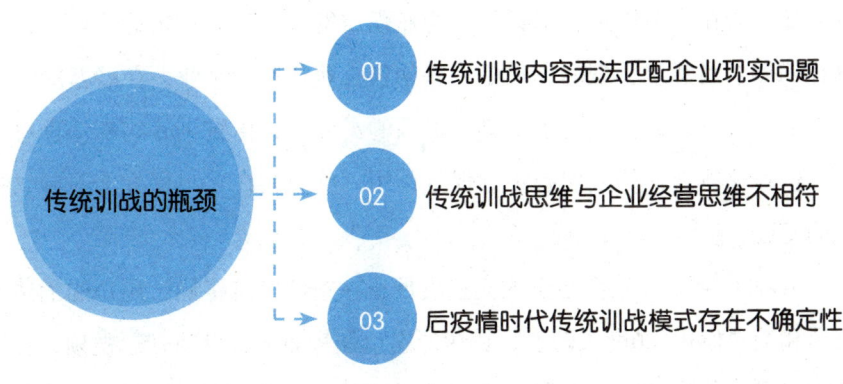

图1-7 传统训战的三个瓶颈

（1）传统训战内容无法匹配企业现实问题。

训战是以学习和实战为导向的，学习的内容和实战的案例几乎每天都在更新，因此，这两项内容必须与实际情况高度匹配。然而，在很多传统训战项目中，培训师还在用老一套的理论和过时的案例作为训战的材料，训战结果可想而知。

另外，随着营商环境的变化，越来越多红极一时的商业模式被证明是不可行、走不通的，更不用说解决企业的现实问题了。培训师在设计训战内容的时候，应该从企业经营的根本出发，抓住问题的关键，这样才能真实有效地解决企业的难题。很多传统训战项目受实战导向影响，用案例说明问题，用案例诊断经营难题，这在案例没有出问题的时候，当然能赢得一部分受众。然而，随着这些网红案例一个个破产，传统训战的那一套无法自圆其说，更不用说帮助企业解决现实的难题了。

（2）传统训战思维与企业经营思维不相符。

传统训战受军事训战的影响很大，很多传统训战现在还在用军事训练的那一套在企业中进行培训。在企业稳定发展，有了一定的体量后，这样的要求当然是合理的。但是一些初创企业、小微企业，在经营的时候有很大的不确定性，要求培训有很高的灵活性，传统训战的那一套思维不但对这些企业的发展起不到促进作用，反而会在一定程度上限制它们的发展。

5G时代到来，数字经济的高速发展正在重塑经济格局，用户的消费习惯和消费模式180度大转变，销售形态也顺势而为，电商、短视频、直播等多种销售形式冲击着用户的观感，打破了常规。这一切都对企业的经营思维提出了很大的挑战，需要企业认清形势，转变思维模式。而传统训战那种要求整齐划一、绝对服从管理的思维方式与很多企业的经营方式不相符合，这就要求传统训战在思维内核上，做出改变和突破。

（3）后疫情时代传统训战模式存在不确定性。

近年来，受疫情影响，企业传统训战面临巨大的挑战，其中最大的挑战便是线下集中面授培训存在不确定性。

传统训战对线下的集中面授依赖度很高。按照传统训战的组织形式，在整个训战期间，学员需要按照"学什么—看什么—练什么—考什么"前后贯通的方式进行行动式学习，至少要经历"培训+实战+复盘"三阶段的训练。这就对线下的场地提出了很高的要求。

3. 传统训战的破局之路

不论是训战思维、训战内容，还是训战形式，训战都急需找到一个破局之路。此外，数字经济高速发展带来的刺激使我们看清格局，我们必须拥抱这种VUCA状态下的瞬息万变。在此背景下，数字化训战应运而生（如图1-8）。

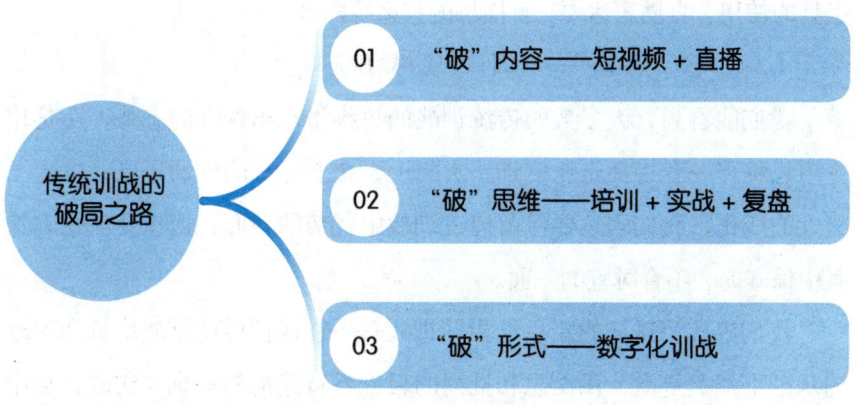

图1-8 传统训战破局的三个重点

（1）"破"内容——短视频+直播。

传统训战的内容大多陈旧乏味，无法精准识别企业的经营痛点，更无法把握企业的营销命脉。对一家企业来说，营销和销售团队应该始终是重点关注和着力打造的对象。如今，短视频和直播风生水起，吸引了无数人的注意力，注意力在哪里，流量就在哪里，流量在哪里，钱就在哪里。企业急需在线上获得关注，然而对于很多企业来说，它们习惯于在幕后生产产品，并不习惯于走向台前，对于短视频和直播更是感到非常陌生和抵触。

对此，我们在设计训战的时候，一定要根据企业的实际情况，适当地增加短视频和直播的内容。例如，在短视频版块，我们可以教授短视频制作的全流程，让学员了解短视频编剧模型、抖音登录环境的机制，品牌IP号的包装，快速主推流量的养号方法，顺应平台的营销号定位、内容发布机制、短视频的变现逻辑等内容。在直播版块，我们可以教授如何直播带货、直播前的准备、直播中应急处理、直播后复盘事宜、造势工具的使用、直播表达力、直播场的打造等内容。

（2）"破"思维——培训+实战+复盘。

我们能看到，大多数的传统训战的思维呈现出保守的态势，还是用军事思维那一套指挥企业培训。实际上，企业培训的内涵早已经发生了极大的变化，我们固然要保留传统训战中优势的一面，但也要注意去除其中保守的、不合时宜的一面。

我们应该用这样的新思维指导训战——在保留传统训战培训和实战的基础上加上复盘，用反思和批判的目光看待之前的培训和实战，从中保留和推广有用的经验，而规避不合理或有缺陷的地方。

（3）"破"形式——数字化训战。

越来越灵活的组织和越来越个性化的需求对训战的组织形式提出了更高的要求，人们开始反思，原来这种集体的、封闭的，以高昂住宿费用为代价的训战形式是否还应该继续存在下去。疫情的出现促使这种情况发生迅速的转变，人们开始在线上寻求训战的可能性。

一种全新的、充满活力的训战形式出现在了人们的面前——数字化训战。值得注意的是，这里的数字化训战，不光是组织形式与传统的训战有着本质的区别，在训战理念、训战内容等方面更是跟传统训战有着完全不一样的思路。

第三节　数字化转型的颠覆与回归

1. 什么是数字化训战

在回答什么是数字化训战前，我们不妨先来了解什么是数字化。有人是这样理解数字化的："数字化是信息技术发展的高级阶段，是数字经济的主要驱动力，随着新一代数字技术的快速发展，人们利用数字技术创造了越来越多的价值，更快地推动了各行业的数字化变革。"也有人认为："数字化被称为'信息的DNA'。由于数字化信息能以光速传播，数字化时代就意味着信息交流在时间上可以'瞬间'完成。信息技术的基础是计算机和网络技术，而计算机和网络技术的基础则是数字化，因此，数字化是信息技术的革命导因和发展动力。数字化引发了计算机和网络技术的革命，进而引发了信息技术革命，而信息技术革命则引发了全球化进程。"

由此可见，数字化时代是信息时代的一种高级阶段，数字化能够使信息得以快速传播，能够把人们的日常关系从封闭的、单一的区域扩展到开放的、包容的全球情景中。得益于数字化的这种特性，将其与训战结合，用数字化的方式和思维做训战，便成了传统训战的破局之路。

什么是数字化训战？数字化训战就是指学员在数字化的培训环境中，结合数字化的传播方式和培训手段，利用数字化的资源来接受训战。我们可以清楚地看到数字化训战包含的三大要素：数字化的训战环境、数字化的训战资源以及数字化的训战方式和手段（如图1-9）。

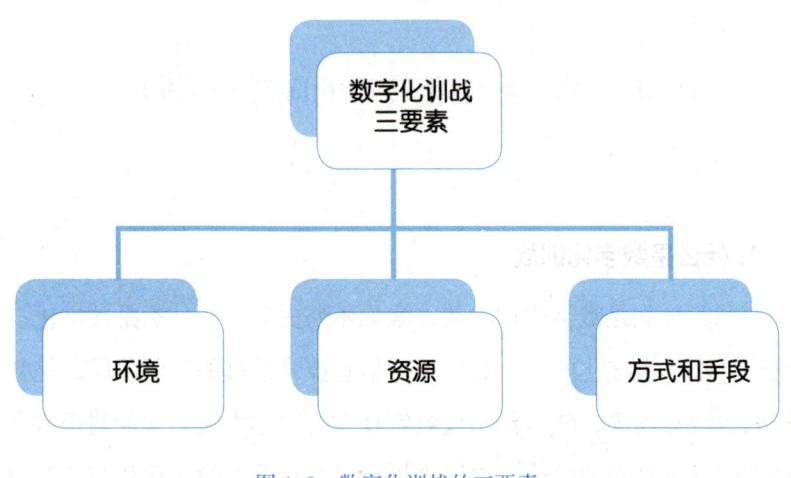

图 1-9　数字化训战的三要素

2. 数字化训战的现实意义

除了能解决传统训战要解决的问题外，数字化训战还关注在后疫情时代企业面临的一些现实的问题。在中国，企业的分布符合二八定律，大多数的企业是一些盈利较少、发展面较窄的小微企业，而就是这些小微企业，却解决了绝大部分人口的就业问题。因此，稳定推动小微企业的发展，对于保民生、保就业等来说，有非常重要的现实意义。这些小微企业事实上比大中型企业更需要专业化的训战，然而受制于企业规模、培训预算等，小微企业很难获得专业化的培训。

数字化训战的出现正好解决了小微企业这方面的痛点（如图1-10）。

图 1-10　数字化训战解决的小微企业痛点

第一，它可以为包含小微企业在内的绝大多数企业提供专业化的训战课程。对于一些企业来说，虽然它们想为自己的员工提供专业化的培训，但是由于缺培训讲师、缺培训场地、缺培训课程等，它们无法为员工提供。然而，数字化训战的出现，使得它们可以将企业的专业化培训交给第三方培训公司，在交付一定的费用后，由培训公司提供专业化的培训内容，即可实现专业化的培训。

第二，它可以为一些预算不足的企业节省一大笔培训费用。我们知道，传统训战的费用高，一般的企业即使有心让自己的员工接受专业化的培训，也会受制于企业自身的预算，不愿意为这高昂的培训费用买单。然而，当培训转到线上，费用便产生了一定的缩减。据国外权威杂志 *Training Magazine* 的一项调查结果显示：在培训同等数量员工的情况下，企业采用数字化培训的模式可以节约 40%～50% 的培训费用。

第三，它可以突破时间和空间的限制，随时随地进行培训。一些企业在安排员工进行培训时，很大的一项顾虑就是，员工出去培训了，他的工作该怎么办？数字化训战完全解决了这种后顾之忧，员工只需要一台电脑或者手机就可以接受数字化训战。这种训战的强大灵活性和方便性,也在一定程度上提升了员工的满意度。

3. 数字化训战是怎么组织的

在前面我们提到,数字化训战包含三大要素:数字化的训战环境、数字化的训战资源以及数字化的训战方式和手段。那么在组织数字化训战的时候,最基本的工作便是搭建数字化训战环境、整合数字化训战资源、推广数字化训战方式和手段(如图1-11)。

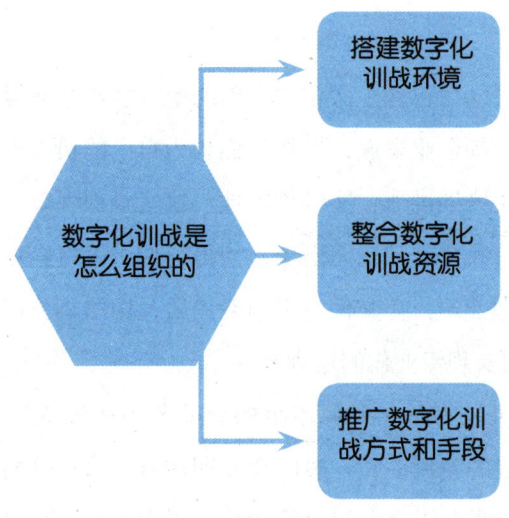

图1-11 组织数字化训战的三项基本工作

第一,搭建数字化训战环境。

数字化训战环境指的是经过数字化信息处理的训战环境,环境中必须包含能够提供多媒体、信息网络传输、信息智能处理、虚拟训战环境的智能设备,使得学员可以在这样的环境下接受数字化训战。

第二，整合数字化训战资源。

数字化训战资源指的是训战方要拥有经过数字化处理的，能够在智能设备如多媒体计算机上运行的数字化训战材料。这些材料能够促进和激发学员在网络的那一端通过自主、合作等形式进行学习、实战、复盘等操作。数字化培训资源是使数字化训战成为可能的关键。

第三，推广数字化训战方式和手段。

在数字化训战中，学员的训战方式和传统的训战方式相比，发生了根本的变化。学员对于讲师的讲授和周围的环境不再那么依赖，而是利用数字化的训战环境及数字化的训战资源与学员和讲师展开讨论和碰撞，通过合作式和交互式培训，进行探究、发现、展示、创造知识，从而达到巩固知识、赋能提升的目的。

4. 数字化训战的颠覆与回归

数字化训战是对传统训战的颠覆和回归，所谓颠覆，指的是在训战思维、组织形式及训战内容等方面做到了对传统训战内容的"破"与"立"，是对传统训战模式的一种反叛与颠覆；所谓回归，即不论是传统训战还是数字化训战，训战的目的始终不变，也就是切实提高企业员工素质，助力企业向前发展。因此，不论是在课程的设计上，还是在内容的讲授上，数字化训战都应该将这种颠覆与回归的理念贯穿始终。

（1）颠覆是手段，不是目的。

很多人在接受了丰富多样的数字化内容后会陷入误区，认为数字化训战的根本目的就是对传统训战的颠覆。不论做怎样的训战，最要紧的就是和原来的训战不一样，内容要不一样、地点要不一样、培训形式要不一样，导师也要不一样！总之一切都要不一样，这样才能体现出数字化训战的颠覆性。实际上，这就犯了因果倒置的错误。不论是学员还是讲师，我们都要清楚地认识到，颠覆只是手段，而不是目的，我们是要通过颠覆的方式，使训战这种培训模式获得更大的成功，帮助企业或个人取得更大的进步。颠覆说到底只是一种手段，如果有别的温和的方式能使训战向好的方向转变，我们也乐于接受那样的方式。千万不要将颠覆作为目的。

（2）回归是必然结果。

颠覆不是目的，那什么才是目的？训战的根本目的，是用训战这种培训模式，提高企业员工的实战素质，助力企业向前发展。在这个目的的要求下，回归是训战的必然结果，具体体现在训战目的的回归、训战理念的回归、训战效果的回归等。

第二章

还原场景：数字化训战解决什么问题

第一节　还原：后疫情时代企业的机遇与方向

1. 什么是后疫情时代

2019年年末，新型冠状病毒肺炎疫情暴发，随后在多个国家蔓延。尽管疫情得到了有效的控制，但在随后的两年多时间里，病毒不断变异，疫情不断零星暴发，给世人带来了较大的冲击和痛苦。这些冲击和痛苦，有些是疫情本身带来的，有些则是疫情间接带来的。

在新冠疫情肆虐时期，人们的生命安全受到威胁，原本习以为常的生活成为奢侈，甚至整个世界的经济陷入接近停摆的状态，损失极其惨重。全世界都期盼疫情快点过去，人们的生活尽快恢复正常。

然而，事情并没有像人们想象的那样简单，在很长一段时间内，疫情会和人们共同存在，时时刻刻影响着人们的生活和工作。尽管新冠疫情大暴发时期已经过去，但疫情并没有完全消失，时有起伏，对人类方方面面都产生着深远的影响，这样的时代便是后疫情时代。

后疫情时代以疫情基本被控制为主要的时间节点，此时，人们对疫情已经有了基本的认识，已经有了比较成熟的治疗方案。在此背景下，各行各业应对此类公共卫生危机事件的能力大大增强，人们开始适应新的环境变化，形成新的生活生产状态。

2. 后疫情时代的主要特征

受新冠疫情的影响,人们的消费习惯、各行各业的发展、全球的经济形势等发生了重大的变化。可以这样说,后疫情时代是一个与此前有着极大不同的时代这个时代呈现如下五个主要特征(如图2-1)。

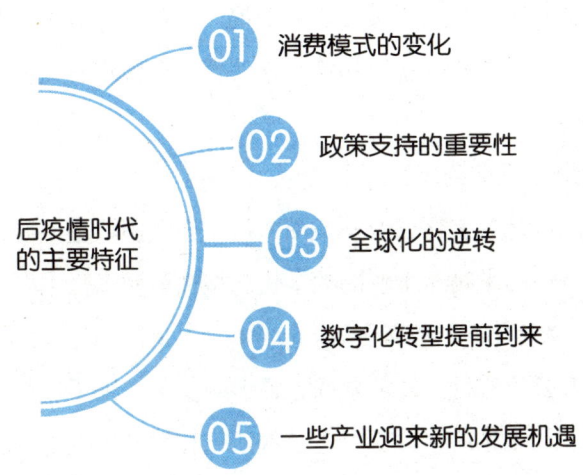

图 2-1 后疫情时代的五个主要特征

(1)消费模式的变化。

疫情期间,人们的生活方式和消费习惯发生了巨大的变化。许多人开始远程工作和学习,更多的时间花在了家庭生活上。这导致人们对许多传统零售业和服务业的需求下降,而电子商务、在线教育、医疗保健等行业则迎来了快速发展的机会。

(2)政策支持的重要性。

政府在应对疫情方面采取了一系列措施,如财政支持、减税优惠等，这些政策为企业提供了更多的发展机会。此外，一些国家还提出了"新基建"等计划，以推动数字化、智能化等新兴产业的发展，这也为企业提供了更多的合作机会。

（3）全球化的逆转。

疫情使得全球化的贸易和投资活动受到了严重影响，许多国家的经济增长放缓，甚至有的国家出现负增长的情况。同时，一些国家开始加强保护主义政策，采取关税壁垒等措施，这使得企业面临着更复杂的市场环境和供应链风险。

（4）数字化转型提前到来。

数字化转型原本是数字化发展不断深入后，企业不可避免要经历的阶段。然而，受疫情的影响，企业的数字化转型提前到来，主要表现为在线办公的流行、数字化工具的普及等。

第一，在线办公的流行。疫情期间，许多企业被迫采用远程办公、在线教育等方式进行业务运营。这促进了数字化和智能化技术的应用和发展，同时也带来了新的挑战和机遇。例如，人工智能、大数据、物联网等技术的应用可以帮助企业提高效率、降低成本、改善服务质量；腾讯会议、金山协作办公等可以帮助企业进行线上会议。而在培训方面，数字化培训的需求变得更大。

第二，数字化工具的普及。事实上，在疫情暴发前，我国在消费领域的数字化工具普及就已经在全球遥遥领先，具体表现为移动支付渗透率高、电子商务交易额高。在后疫情时代，线下业务受到限制，线上业务呈现爆发式增长。一些企业更是有目的地拓展线上业务，如小程序商城、直播带货等，展开自救。

（5）一些产业迎来新的发展机遇。

疫情的暴发一方面对传统的产业造成了极大的冲击，另一方面也为企业的数字化转型埋下了伏笔。一些之前就积极在数字化方面努力的产业迎来了新的发展机遇。例如，一些支持远程办公和线上沟通的企业在节约办公成本的同时，在某些方面的业务量也开始爆发增长。

3. 后疫情时代的机遇与方向

2023年疫情放开以后，企业将面临新的机遇和挑战。在经历了长达两年的疫情影响后，企业需要重新审视自己的发展战略和经营模式，以适应新的市场环境和消费者需求。

（1）消费市场的变化。

第一，健康意识提高。在疫情期间，人们更加关注自身健康问题，对健康产品和服务的需求大幅增加。这使得健康产业成了一个快速发展的领域。未来几年，随着人们对健康的重视程度不断提高，健康产业将会继续保持高速增长。

第二，数字化消费趋势加强。疫情期间，线上消费成为主流。未来几年，随着数字化技术的不断发展和普及，线上消费将会继续保持强劲增长势头。同时，线下消费也将逐渐向数字化转型，例如通过智能化技术提升消费体验等。

第三，个性化定制服务更受欢迎。疫情期间，消费者对于个性化定制服务的需求大幅增加。未来几年，随着人们生活水平的提高和消费观念的变化，个性化定制服务将会越来越受欢迎。企业需要根据消费者的需求提供更加精准的服务，以满足不同消费者的需求。

（2）企业的机遇。

具体来说，企业可以抓住以下三个机遇来发展（如图2-2）。

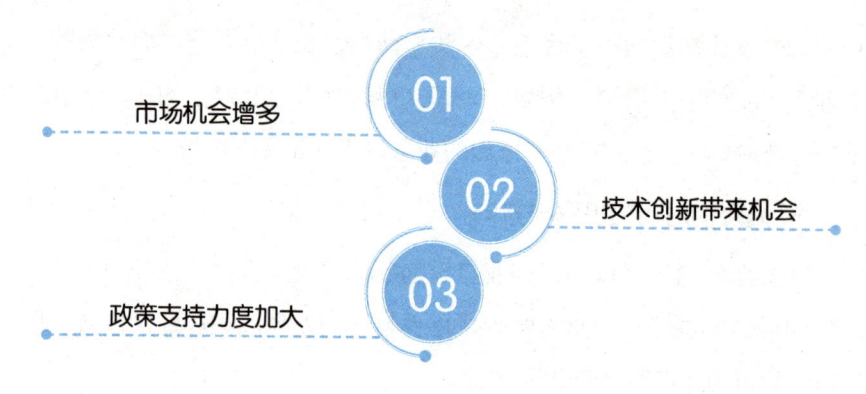

图 2-2　企业的三个发展机遇

第一，市场机会增多。随着消费市场的变化，新的市场机会也随之出现。例如，健康产业、数字化消费、个性化定制服务等都是未来几年的热点领域。企业可以通过抓住这些市场机会，开拓新的业务领域，实现快速增长。

第二，技术创新带来机会。随着科技的发展，新技术的应用将会为企业带来更多的机会。例如，人工智能、大数据、物联网等技术的应用将会改变传统的商业模式，为企业带来更多的创新和发展空间。

第三，政策支持力度加大。政府对于新兴产业和高技术产业的支持力度加大，为企业提供了更多的优惠政策。例如，税收优惠、财政补贴、人才引进等政策将会为企业的发展提供更加有力的支持。

（3）企业的挑战。

第一，竞争加剧。随着市场的不断扩大，企业之间的竞争也将会加剧。在新的市场竞争环境中，企业需要不断提升自身的竞争力，以保持市场地位和盈利能力。

第二，成本压力增大。疫情期间，许多企业的运营成本受到了很大的影响。未来几年，随着经济的逐步恢复和消费水平的提高，企业的生产成本和运营成本也将会逐渐增加。企业需要提高生产效率和管理水平，降低成本，以保持竞争力。

第三，人才竞争加剧。随着技术的不断发展和应用，人才的需求也在不断增加。在未来的市场竞争中，企业需要具备高素质的人才队伍来支撑创新和发展。然而，人才市场竞争也非常激烈，企业需要通过提供优厚的薪酬待遇、培训机会等方式吸引和留住人才。

4. 后疫情时代如何破局

在面对上述机遇和挑战的情况下，后疫情时代的企业应该如何破局呢？有如下三个重点（如图2-3）。

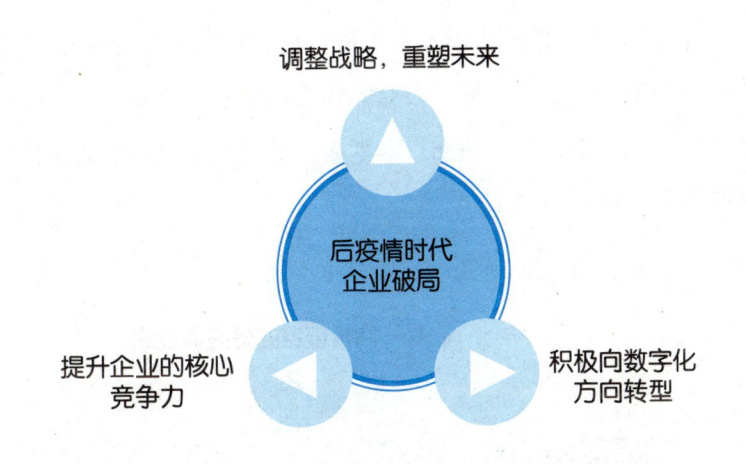

图2-3 后疫情时代企业破局的三个重点

（1）调整战略，重塑未来。

战略求真，执行才能求快，发展才能求稳。随着各地有序地展开复工复产，企业在一定程度上调整了疫情暴发初期慌乱的姿态，有了喘息的时间,是时候对前期仓促制订的战略进行复盘和反思了。

总的来说,企业的战略关乎企业的发展方向、组织模式、绩效目标等一系列问题,具有不可撼动的重要地位。企业如果在战略上出现问题,极有可能面临"一着不慎,全盘皆输"的局面。在后疫情时代,企业需要考虑持续的危机和风险,可以依据这四个步骤对战略展开复盘,从而将自己的战略调整到最适合自身的状态:总结经验,反思自身;分析形势,预判趋势;立足实际,评估能力;建立模型,极端推演。企业必须要结合当下的市场环境,从实际需求出发,重新审视企业的发展规划,调整企业的战略布局,这样,才能在后疫情时代的不确定性中塑造新的未来。

(2)提升企业的核心竞争力。

对于企业来说,要想从根本上"破"后疫情时代这个局,只依靠外部力量是不够的,还应该提升自身的核心竞争力,增强自身的生存能力,拓宽自己的发展空间。企业可以考虑从以下三个方面来提升自己的核心竞争力(如图2-4)。

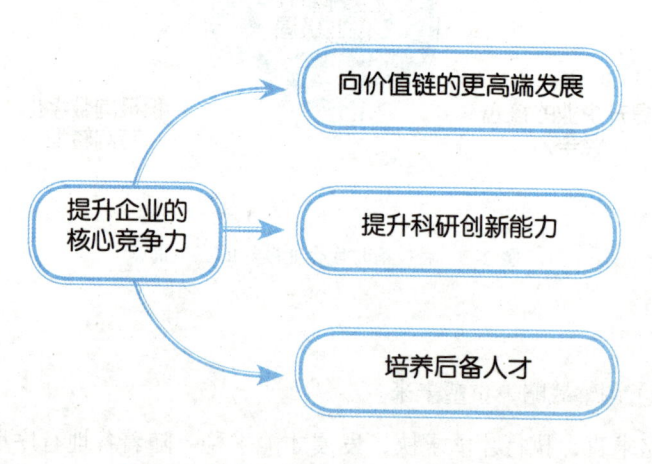

图 2-4 提升企业核心竞争力的三个方面

第一，向价值链的更高端发展。对于企业来说，产业链的再造和价值链的提升是非常关键的，只有将自己放在全球的价值链中，补短板、增优势、挖潜力，向价值链的更高端去发展，才能提升企业转型升级的能力。

第二，提升科研创新能力。科研创新能力是企业的命脉所在，面对不断加剧的市场竞争，企业只有不断创新才能获得长远的发展。一般来说，企业的科研创新能力主要体现在研究能力和开发能力上。研究指的是利用新的科学技术知识，有目的、有计划地分析和调研，从而为新产品的开发或旧产品的优化升级提供支持。开发指的是在产品生产之前，通过概念提出、样品生成、产品测试等环节将研究成果转化为新的产品。企业要从这两方面入手提升自身的科研创新能力。

第三，培养后备人才。人才是企业的根本，要想成为卓越的企业，一定要有卓越的人才。宝洁前任董事长Richard Deupree曾经说过："如果你把我们的资金、厂房及品牌留下，把我们的人带走，我们的公司会垮掉；相反，如果你拿走我们的资金、厂房及品牌，而留下我们的人，十年内我们将重建一切。"由此可见人才之于企业的重要性。后备人才的培养可以分这几步完成：制订具体且清晰的人才培养目标和方案；确定后备人才的人选；选择有效的人才培养方法；建立人才衡量标准。

（3）积极向数字化方向转型。

什么是数字化转型？数字化转型指的是企业逐渐从传统发展模式向利用大数据、AI、区块链等数字技术驱动自身发展的模式转变的过程。

疫情为企业的数字化转型按下了"快进键"，不论是国家的战略规划还是企业自身的发展需求，都积极地向数字化转型方向靠拢。然而，企业真的在认真地进行数字化转型吗？Gartner（顾能公司，是全球最具权威性的IT研究与顾问咨询公司之一）调查显示：仅10%的企业实实在在地进行着"数字化转型"，而另外90%的企业正在进行各种形式的"数字化业务优化"。

2021年年底发布的《"十四五"数字经济发展规划》，强调了数字经济对国民经济的重要性，指出数字经济为中国的经济发展提供了强大的动力，已经成为国民经济增长的新引擎。这就意味着数字化转型不再是一个"花架子"，而是企业切切实实的需求。为此，企业要真正在运营和思维方式方面进行改变，落到实处，进行彻底转型。此外，数字化经济不仅在短期内能为企业带来现金流价值，在长期内还能帮助企业获得发展。根据有关机构测算，数字化转型可使物流服务业成本降低34.2%，营收增加33.6%；使零售业成本降低7.8%，营收增加33.3%。这意味着，无论在短期内，还是在长期内，数字化都有无可替代的重要作用。

第二节 赋能：数字化训战为企业带来的价值

1. 转变员工学习方式，提升企业培训效率

我们知道，数字化训战和传统训战的一个很重要的区分标志，便是数字化训战主要采取的是线上学习的模式。这一模式的转变，不仅为员工自身提供了多样化的学习路径，同时也为企业对员工的继续教育管理提供了方便。

很多企业在对员工进行继续教育的时候会遇到这样的烦恼，如果是将学习资料发放给员工，让他们自己学习，那学习效果一定很差，很多员工根本不会打开那些学习资料，更不用说自行学习了；可如果组织统一的培训，需要大量的资金支持不说，还会打乱原本的生产节奏，使项目进程变缓甚至停滞不前。而数字化训战的到来，使企业员工的继续教育有了新的方向，产生了新的学习模式。

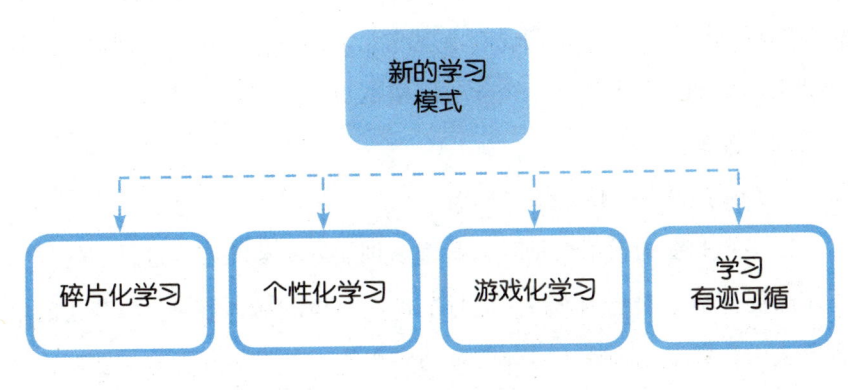

图 2-5 数字化训战带来的新学习模式

（1）碎片化学习。

很多人将数字化训战仅仅理解为在线学习，实际上，这是一种狭隘的看法。数字化训战当然不再局限于面授，但它也不是在线学习这么简单。在数字化训战中，学员们可以根据自己的需求，结合网络环境、平台、资源等完成数字化训战。它对学员的时间和空间要求极低，有时，学员甚至只凭一部手机便可在家中完成全部的数字化训战。数字化训战可以高效利用碎片化时间，只要有一点时间，学员们可以随时随地进行数字化训战。

（2）个性化学习。

我们知道，不论处在哪个发展阶段的企业，都有培训的需求，且这些需求会根据岗位的不同、层级的不同而发生相应的变化。这些培训需求无法用一个简单的培训课程来满足，企业要根据实际情况为员工选择个性化的培训。然而，在传统的培训模式中，出于成本和时间的考虑，企业无法为员工做如此精细的打算，"有什么就听什么"是很大一部分企业的培训现状。数字化训战的出现改变了这种粗放式的培训模式，使培训更加精细化、个性化。企业可以根据员工的实际需求为其定制个性化的训战方案。

（3）游戏化学习。

很多企业在为员工培训时，希望培训能以游戏的方式进行，这样，不仅能提升员工的培训兴趣，而且能提高整体的培训效果。游戏化的培训方式，在数字化训战中是非常容易实现的。开发工程师只需要在设计软件时将培训和游戏进行有效组合，积极模拟游戏场景，便可以轻松实现。这种游戏化的训战方式，能促使学员更好地学习。

（4）学习有迹可循。

在线下，我们要想了解学员们的学习情况，主要通过点名或者签到的方式。而这两种方式，只能确认学员在学习现场，并不能实时统计他们的学习时长。此外，这两种方式通常会引起学员的极大反感，从而给工作人员的统计增加了难度。而数字化训战的另一大好处，便是线上的学习有迹可循，我们可以通过追踪学员的学习课程，实时了解他们的学习内容和学习时长。这在给企业的培训统计工作减轻工作量的同时，也为企业打开了培训思路，即企业可以根据大数据了解学员的偏好，从而购买或定制更加精细化的课程。

2. 改变商业模式，发掘企业新的增长点

数字技术正在以前所未有的方式改变着企业的商业模式，很多企业尽管知道数字技术在未来企业发展中的重要作用，但苦于经验不足，无法有效利用数字技术。因此，对于企业来说，急需一个数字化训战平台帮助它们分析权衡数字化的影响，找到可持续发展的商业模式，发掘企业新的增长点。数字化训战平台至少可以在以下五个方面帮助企业进行数字分析和执行（如图2-6）。

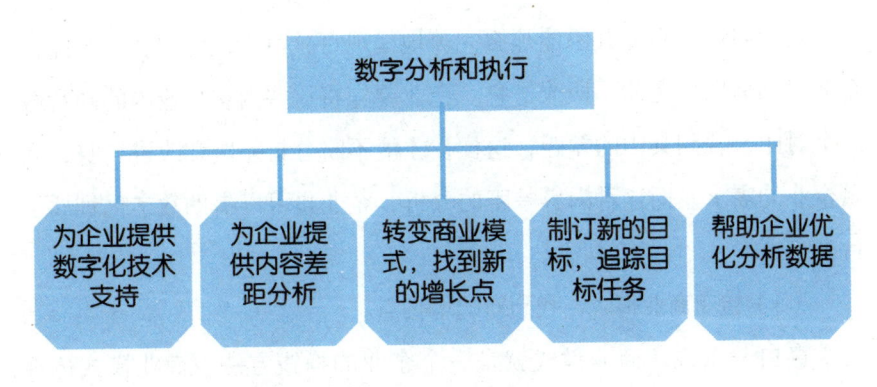

图 2-6　数字分析和执行的五个方面

（1）为企业提供数字化技术支持。

在轰轰烈烈的数字化转型背景下，并不是所有的企业都知道数字化是什么，即使有些企业对数字化了解一二，但在数字化相关的技术上还是一片空白。数字化训战的一大作用，就是带领企业走进数字化、了解数字化，在必要的时候为企业提供数字化相关的技术支持。

例如，数字化训战可以指导或帮助企业分析与网页内容相关的参与率，如客户的购买率、员工的参与率等。通过这种分析，企业可以从

大数据的角度了解客户的偏好、购买的影响因子、员工的工作效率、组织流程的有效性等。此外，数字化训战还能帮助企业了解新兴的直播带货、社群营销、场景化视训等内容。

（2）为企业提供内容差距分析。

在数字化训战的帮助下，企业能够借数字技术很清晰地看到组织在流程上存在的问题。当流程有了问题，企业要做的关键工作就是根据相关分析，通过数字化平台创建PDF、PPT和视频等形式的内容，去优化流程并推广。

在此阶段，企业并不能那么完美地呈现百分百无误的内容，对此，企业必须借助一定的手段改进它。企业要先将这些内容与业内的同行做一个对比，找到其中的差距，这样，才能不断分析差距和改进自身，满足企业的需求。而这种内容差距的分析，企业也可以借助数字化训战平台来完成。

（3）转变商业模式，找到新的增长点。

直白一点说，商业模式就是一个企业的挣钱方法。商业模式体现了企业管理者在企业发展上的思路，受市场环境的影响很大。在数字化时代，企业中现有的产品和服务都需要转化为数字。在转化的过程中，通过大数据挖掘技术，企业能够更清晰准确地定位自己，对自己的商业模式有更多的思考，认识到自己以往的商业模式的利与弊。而数字化平台的完善则为企业的商业模式的转变增加了更多可行性，在数字化平台中，企业有了更多的挣钱方式。因此，数字化训战的一大工作，就是在数字技术的支持下，带领企业探索更多的可能性，在时机成熟的情况下，帮助企业寻找新的商业模式。

此外，数字化训战还能够引导企业与行业内竞争对手进行对比，与领域内头部企业进行对标，帮助企业找出新的利润增长点。在商业模式和利润增长点都有所变化的情况下,企业就应该制订新的发展目标了。

(4)制订新的目标,追踪目标任务。

数字化训战能够为企业提供协作办公的数字化平台,帮助和确保企业中的每个人都在同一页面上。这有助于员工更好地了解工作的优先等级。在目标制订和设置完成后,数字化训战便可指导企业在数字化平台上追踪目标的完成情况。跟踪目标进度这一功能非常重要,它能够让企业知道目标的完成率,并据此衡量目标的合理性。

此外,在线的目标追踪还能让企业更清晰明白地了解目标完成的路径,确保员工在完成工作时遵守必要的规章流程,检查工作的完成率和准确性。企业可以据此制定符合实际情况的指导方针,提高自身的办事效率,并借助数字化工具更好地指导员工。

(5)帮助企业优化分析数据。

衡量数字化训战是否成功的标志之一,是企业在实际的工作中是否继续采用数字化。数字化训战为企业提供了包含目标完成率、正确率、参与率、平均会话时长等一系列的数据,这些数据是企业情况的真实反映。数字化训战还能指导企业对这些数据进行分析,以了解自己目前的状态,然后再对自身的不足进行改进。可以肯定的是,这些数据都是企业基于自身实际获得的基础数据,通过对这些数据的挖掘和分析得出的改进方法,比任何其他渠道获取的方法都有效。

3. 优化运营,助力企业智能化发展

对于一家企业来说,运营占据着重要的地位,它能够有效地让各部门联动起来,推动企业向更好的方向发展,可以说运营是企业管理中最核心的内容,也是企业管理者必须关注的部分。在数字化时代,每个企业都渴望数字技术为企业注入新的力量。而数字化训战所推崇的数字化运营正好能带来标准与品牌的重塑,企业可以用数字化训战带来的新技

术与新数据，重塑企业运营中的各个环节，提升企业的运营效率，助力企业的智能化发展（如图2-7）。

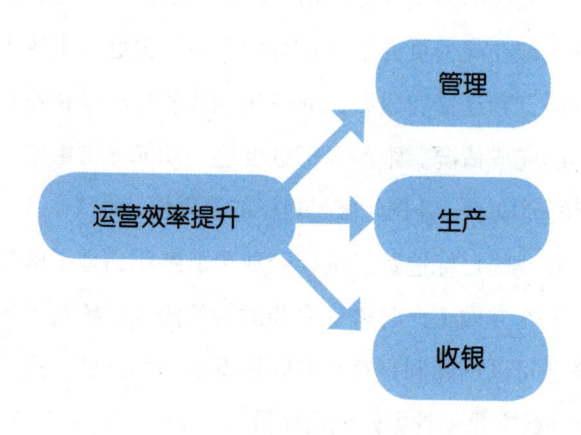

图 2-7 数字化运营提升效率的三个方面

（1）管理的数字化运营。

管理的根本目的是提高企业的效率，而数字化管理就是通过信息流、数字流等的自动化处理，提升企业的运营效率。数字化训战为企业的数字化管理提供了培训服务，教会企业采用互联网、AI、大数据等技术，通过实时统计、职能分析、模拟运营等，实现对企业的组织、生产、销售、服务、协调等的管理，从而帮助企业实现数字化管理的转型。

（2）生产的数字化运营。

一些企业的生产过去主要采用人工管理的方式，不仅效率低，而且在管理过程中容易出纰漏。数字化训战提倡在企业的生产中采用数字化运营，这样有助于化整为零，让生产的各个环节在独立运作的同时，又相互联动，使生产变得更加高效和智慧。

在实现生产的数字化运营后，整个生产过程，不论是原材料的采购，还是产品的生产制作，都可以通过数字化系统了解动向，当生产环节出现问题时，员工能够及时有效地纠错，避免生产的浪费。

（3）收银的数字化运营。

对于一些餐饮、商超企业来说，收银是其运营管理中非常重要的一环。数字化运营对其有解约成本、收集数据、挖掘商机等作用。例如，很多餐饮门店为客户提供了扫码点餐的服务，从顾客开始点餐到顾客点餐完成后付款，整个过程不需要纸质的菜单，不需要店内服务员提供点餐服务。餐厅可以将更多的财力投入在餐食的制作上，这样在大大节约经营成本的同时，还能提高客户的用餐体验，甚至提高店内的菜品质量。

在往常，店铺和客户之间的关系只是简单的卖方和买方，当客户离开后，整个服务也就终止了，根本谈不上运营，而收银的数字化为店铺的运营提供了基础。例如，一些小的店铺可以采用"支付+营销"的方式，在收银的过程中加入会员和广告等项目，这样，仅仅通过一个收银的动作，不需要额外的宣传和推广，就可以让店铺完成营销。

4. 赋能业务，服务战略落地

数字经济下重塑的商业模式，对企业的生产、服务、营销、交易、供应链等核心业务的场景产生了颠覆性的冲击，企业的市场环境、竞争格局、发展趋势等正在发生革命性的变化。场景变则市场变，市场变则战略变，战略变则组织结构变……这些变化导致为企业提供的培训方案也要发生一定的变化。

企业培训的本质就是响应外部的场景变化，服务内部的战略落地（如图2-8）。对于企业来说，培训不仅仅是学习那么简单，它的成功与否，甚至能决定企业是否能够继续生存和发展。数字化训战正是积极回应这些变化的培训方式。在数字化训战中，一大关键亮点便是，通过学习场景和业务场景的连接与融合，对员工实行场景化训战。场景化训战是以数字技术作为支撑的。场景化训战可以有效连接外部环境、关注企业的战略、赋能企业业务，最终在赋能企业业务的过程中，实现服务战略落地的功能。

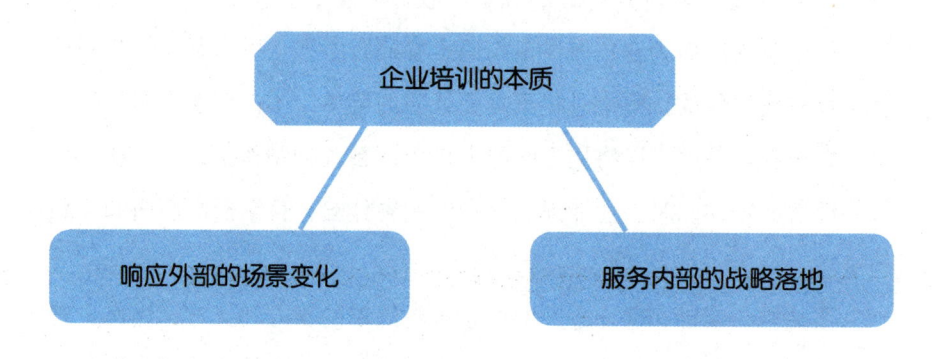

图 2-8　企业培训的本质

第三节　落地：数字化训战的几个抓手

1. 企业培训的三阶段及各自的抓手

数字技术改变着各行各业的方方面面，对于培训来说也是如此。到目前为止，企业培训已经走过了典型的两个时代，正在进入3.0的数字化时代。

（1）企业培训1.0时代。

我们可以这样说，企业培训的1.0时代是精英化培训的时代，在这个时代里，要想做好培训，教师和学员是主要的抓手。教师优、学员精，企业筛选一部分肯学、好学、有发展空间的学员，为其提供精英化的培训，是企业培训1.0时代的主要特征。这个时代的培训，更多的是面向少数人的个人能力和技能的培训。

（2）企业培训2.0时代。

到了企业培训的2.0时代，原先的那种精英化的培训已经成为过去，这时的培训不再为少数人服务，而是聚焦于企业的所有员工。这时的企业不再秉持"精英带领企业发展"的观念，开始意识到普通员工和基层员工的重要性，意识到为全员提供专业化培训的必要性。这时培训的组织形式类似于学校学生上课，将所有的员工组织在一起，再聘请相关讲师，为员工们进行面授培训。而培训的内容也聚焦专业化的内容，企业希望通过培训来提高学员整体的能力。因此，培训的2.0时代是以面授、学习、专业为主要抓手进行的。

（3）企业培训3.0时代。

数字化浪潮裹挟着企业培训的3.0时代，随着互联网、大数据、人工智能等技术的进步，学习的数字化、场景化等成为可能。数字化训战应运而生，它一般通过互联网技术、大数据技术、模块化功能等提升企业的组织能力，推动企业的业务发展。以数字化训战为代表的企业培训3.0时代，主要以场景化培训为依托，以培训、实战、复盘为其基本抓手。这时的培训不再是简单培训，而是更加贴合企业的实际的培训，这种培训以战略落地和业务赋能作为其根本目的，更关注企业组织能力的提升，并以训战的方式进行。

2. 培训

在培训方面，我们需要重点关注以下五个要素（如图2-9）。

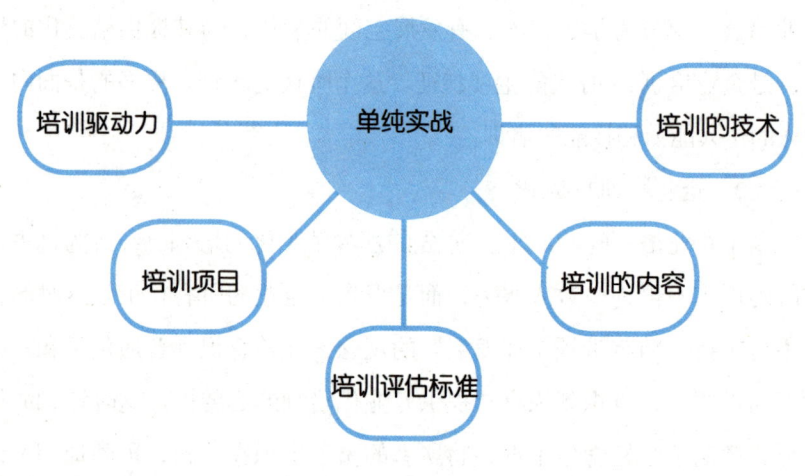

图 2-9　培训的五个要素

（1）培训驱动力。

数字化训战与传统训战或传统培训的区别体现在方方面面，其中，驱动力不同是导致这两类培训不同的根本原因。传统训战或培训主要是以管理层的想法或员工的需求为根本驱动力的。例如，企业管理层的一位领导在参观了别家企业的生产车间后，认为自家企业在生产车间的管理上与别家企业有很大的差距，急需对生产车间的一线生产人员进行培训，因此将这个培训的想法告诉了培训部。培训部的工作人员便会根据领导的意思，预定场地，聘请讲师，抽选学员，安排培训。又如，企业中的许多员工都觉得商务礼仪对自己的工作很重要，但又苦于没有这方面的经历和知识，因此希望企业能进行这方面的相关培训。培训部在了解了员工的需求后，开始制订培训计划，并将这项培训计划报给企业领导。企业领导看完计划，认为这个培训是有必要的，因此批准，培训由此得以开展。

而在数字化训战中，培训的根本驱动力是这两大方面的内容：外部商业环境的变化和内部核心业务链条。这两方面的内容，也是决定企业发展的外因与内因。例如，疫情的持续、人口红利的消失、技术变革的加速、市场经济的不断成熟等，这些指向的是企业的外部商业环境；核心业务的技术、供应链、上下游供应商等，这些指向的是内部核心业务链条。受这两大根本驱动力的影响，数字化训战会以更直接和更根本的方式开展培训。

（2）培训项目。

传统训战或传统培训更多围绕着管理制度、企业文化、新员工的基本技能、各级管理层的领导力等这些常规项目组织培训。这样组织培训的好处是对培训学员的要求少，培训方式有迹可循，培训学员对培训内容有一定的心理预期等。这种类型的培训的缺点在于形式大同小异，不触及根本，大部分学员在培训后收获甚少，甚至有些学员认为这类培训是一种负担，千方百计地摆脱培训，学员的积极性不高。而大部分的培训师照本宣科，互动少，为了完成任务而完成任务，上课没有激情。

数字化训战在项目选择上更偏好一些与实际业务连接度高的项目，或者一些一线员工感到棘手的项目，以实战为根本培训形式，对学员的工作痛点进行精准打击。例如，随着直播带货越来越火热，很多企业也开展了此类项目，但很多员工在实际工作中，不知道如何"吸粉"，不知道如何将流量转化为销量。针对此类问题，企业便可开展相关的数字化训战，以员工实际遇到的问题作为训战的主题，讲师在讲授知识的过程中，有意识地组织学员展开直播带货比拼，将课上讲授的知识运用于实际中，在训战中提升学员的工作能力。

（3）培训评估标准。

在培训工作结束后，我们一般会对培训项目进行一定的评估，以了解此次项目的实际效果如何。在传统训战或传统培训中，我们一般采用可量化的指标进行评估，主要参考的指标有受训人次、培训次数、学习评价（如考核成绩）等。而数字化训战主要关注的是培训的结果，以培训的结果作为主要的评价依据，例如，在进行一场与销售相关的数字化训战后，以一定时期内员工的真实销售成绩作为评估指标。值得注意的是，这里的评估指标不是空洞的、不切实际的口号或报告，而是真正可评估、可量化的，又与结果关联的实战化指标。

（4）培训的内容。

数字化训战的培训内容以数字化内容为主，数字化内容丰富多样，多以文字、声音、图片、视频、游戏等形式呈现。然而，如今的数字化训战不是以数字化内容的多样性作为主要的追求目标，数字化训战的主要追求目标是，让企业客户在最短的时间内最有效地学习到最优质的内容。因此，依托于数字化平台，不论是系统化的内容还是碎片化的内容，数字化训战的内容都应该是那些精彩的、吸引人的、干货多的、实操性强的、深入浅出的、图文并茂的内容。

（5）培训的技术

数字化训战从开始执行到落地完成，主要依托的是先进的数字技术。目前，有三类数字技术值得我们关注，它们分别是直播、AI与XR（如图2-10）。

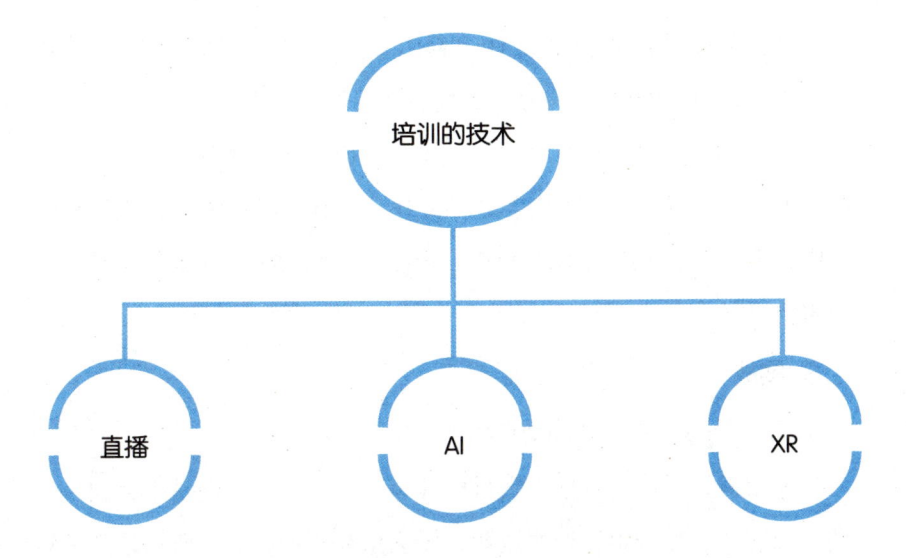

图 2-10　值得关注的三类数字培训技术

第一，直播。目前直播技术相较于其他两项技术，在商业上的应用已经非常成熟了。不论是学习还是实战，直播都能够提供成熟的技术支持。例如，讲师可以通过直播的形式向分散在世界各地的学员进行授课，同时还能进行在线互动、答疑等活动；学员可以借助直播这一项技术完成带货等实战任务。在培训中，直播技术还能监测教学过程、抓取学习行为数据，为最终的课堂评估提供依据。可以这样说，直播技术是数字化训战得以开展的基础。

第二，AI。AI指的是人工智能技术，目前这项技术虽然没有得到广泛的应用，但是在很多领域中已经得到有效的探索。在培训领域，AI已经深入渗透到教学测评等环节，例如，在智能陪练、智能推荐和智能监考等场景中，AI技术已经有了实际应用。随着学习数据的不断积累，AI技术必将实现更稳的落地。

第三，XR。XR包括VR、AR和MR，是一种混合虚拟与现实的人机交互技术。目前，XR技术在教育领域的应用仍然在积极的探索之中。例如，VR英语教育平台Immerse可以让学生身临其境，仿佛在另一个国家中和人们互动学习外语。在数字化训战中，与XR相关的技术正在积极的试验中，未来，基于游戏化设计的沉浸化训战将是XR在企业培训领域的一个重要方向。

3. 实战

（1）不同发展期企业的实战需求。

我们知道，企业的发展大致可以分为三个时期，分别是生存期、发展期和管理期。处于生存期的企业，要么是初创的企业，要么是到了转型关键时期的企业。这些企业对实战有着极其务实的需求，它们希望能通过实战训练获得企业当下所面临的问题的实质性解答。这些企业一般由管理者直接负责员工的实战训练。"将军"和"士兵"吃住在一起，一起训练、并肩作战。这个时期的企业对实战的要求是最朴实的——能解决当下企业发展面临的困境，能团结队伍。

较之生存期的企业来说，处于发展期的企业队伍规模更大，企业资源更多。这时，企业的主要实战需求是通过实战来选拔真正对企业有帮助的专业人才。发展期的企业规模壮大，装备和资源都比一开始的时候多，"将军"不需要亲自上前线去打仗，而是派出最精锐的部队应对"战争"。因此，在平时的时候，企业就需要一个专门的机构或者部门来统筹各方资源，一方面训练新进的"士兵"，一方面训练新进的"将领"，这时期的企业实战内容主要包含业务技能、组织管理能力、企业文化等。

处于管理期的企业比处于发展期的企业更加壮大和稳定。这时的企业，除了考虑"带兵打仗"，还要考虑内部分配和管理的问题。因此，这时期企业的实战需求就变成了企业的人才管理和利益分配。这时期的企业利润收入、商业模式已经变得相对稳定，"仗打赢了"，有了自己稳定的地盘和"势力范围"，这时主要考虑的就是如何稳定自己的实力，也就是选拔与企业价值观高度符合的人才，制订能够激励员工工作效率的绩效管理制度。

（2）实战是培训成果转化的关键途径。

在传统的训战或培训中，企业对培训的认识不足，缺乏培训体系，经常出现为了培训而培训，仅仅将培训停留在学习层面，与实际工作脱节，培训效果不好的情况。

为了更好地介绍实战在培训中的作用，我们先在这里介绍一个概念——培训迁徙。培训迁徙指的是，在培训一段时间后，被培训者仍然能将培训中所学到的知识、技能、方法等运用到具体的工作场景中。有人对传统的企业培训的迁徙率做过调查，发现我国企业培训的迁徙率为10%～20%，即员工只能将培训知识中的一二成运用到具体的工作中，大部分所学的内容都被抛诸脑后。因此，如何巩固培训内容，将培训成果切切实实地转化到工作中，成了企业培训所要面对和探讨的问题。

从这层意义上来说，实战是对培训的深入和验收，是对培训成果的有效转化。数字化训战通过实战的形式，为学员巩固培训的内容，将培训中所学的知识、技能、方法等，实际地运用到工作中，并加以检验，真正地使培训效果看得见。

（3）制订切实可行的实战方案。

我们在制订实战方案的时候，可以遵循以下路径：挖掘实战需求—搭建实战组织—设计实战方案—呈现实战课程—构建实战模式—推动成果转化。

挖掘实战需求，顾名思义就是了解行业的痛点以及实地调研员工的真实问题。这要求培训师对所培训的行业有深入的了解。例如，要制订一个与教育招投标相关的实战方案，那么，培训师至少要对教育系统、金融系统等行业和政府相关部门做一个基本的调研，对每一个采购需求的产生，如何招投标，如何决策，如何验收等都做实地的调查研究，最好实际参与过，这样才能真正感知行业痛点，挖掘真实的实战需求。

搭建实战组织，即选用讲授实战的讲师，这部分内容会在以后的章节进行详细的讲述。但值得注意的是，这里的实战组织，需要的不仅是专业的内训师，还需要有实际工作经验的相关从业人员。

设计实战方案，即根据调研获得的实战需求和实战讲师团队的实际情况设计可行的实战方案。

呈现实战课程，将实战方案具体落实成实战课程，制订课表，选择场地，推动课程顺利完成。

构建实战模型，即根据课程的完成情况和学员的反馈，将实战中的方案和课程优化构建成实战模型，以供以后的学员使用。

推动成果转化，即积极检验学员的实战课程效果，追踪学员的工作轨迹，有效推动成果转化。

4. 复盘

（1）什么是复盘。

复盘原本是一个围棋术语，指的是棋手在对局完毕后，对刚才的棋局进行复演，分析优劣得失，一般用以自学。对于棋手来说，复盘是一个回顾对局、反思原因、探究规律、提升能力的过程，对自身技艺的提升有很大的帮助作用。因此，棋手平时会花很多的时间在复盘上。由此可见，复盘在棋手学习中的重要作用。

如今，复盘这个词成功"破壁"，出圈成为企业管理中的一个重要词汇。人们将其视为学习和管理的一个重要的方法。在企业管理中，复盘指的是从过去的工作和经验中回忆、学习、总结，从而提升能力、改善绩效。在对培训的总结和改进中，数字化训战将复盘这一步骤引入进来，使其与培训、实战一起成为关键抓手。

在数字化训战中，在一个训战周期内，在一轮"培训+实战"结束后，不论成功或者失败，培训师都要带领学员对之前的培训和实战进行复盘。如果学员的感觉都很好，那就让他们分析感觉好的原因是什么，有什么经验是可以直接转化到工作中的；如果学员觉得没学到什么东西，解决不了实际问题，那就让他们回忆是在哪一步出的问题，为什么会出问题，将这个过程理一理，以便下次培训和实战的时候，能够吸取经验教训，补齐短板。

（2）为什么要在训战中复盘。

我们不难发现，复盘这一步骤对于培训和学习有着无可比拟的重要作用。它非常类似于学生时代的"错题本"，对过去的学习进行总结、反思、巩固。数字化训战在传统的培训中加上实战这一重量级项目后，认为对训战中学到的知识、技能、方法的巩固和总结还是不够，因此，又引入了复盘这一项目。复盘的主要作用就是从实战中总结教训，改正错误和巩固成果。复盘的原因主要有以下几个方面（如图2-11）。

为什么要在训战中复盘

01 帮助学员进行内省

02 把经验转化为能力

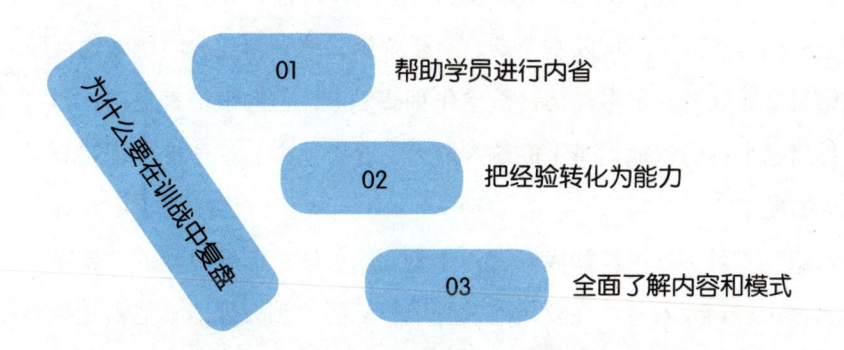

03 全面了解内容和模式

图2-11 训战复盘的三个主要原因

第一，复盘可以帮助学员进行内省。我们不要仅仅将复盘看成一个动作，而要将其作为一个学习工具。复盘能够帮助学员内省、反思，从而发现实战中的疏漏和自身或团队存在的问题。必要时，复盘还能够督促学员改变现有的思维模式和工作习惯。相比于成功的实战，失败的实战更需要复盘。因为从失败的实战案例中，我们往往能挖掘到更多正向的经验和价值，从而找到更大的提升空间。对于学员来说，这种对于失败案例的复盘能够让他们总结经验教训，提前预警未来工作中可能发生的错误，避免在实际工作中犯错。

第二，帮助学员把经验转化为能力。复盘对于学员的能力提升有着相当大的作用，这也是我们将其作为数字化训战三大抓手之一的原因。在复盘开始之时，复盘者就要有谦卑、开放和反思的心态，对于很多学员来说，这种心态正是他们所没有的。一些学员在平时烦琐的工作中被异化，变成一个被工作牵着鼻子走的"工具人"，根本没有时间考虑为什么要做这个工作，怎样能把工作做得更好，自己在工作中又是怎样的角色。一言以蔽之，学员并没有时间反思自己。那么，频繁的复盘有助于学员有意识地培养自己谦卑和开放的心态，也有利于学员开始有意识地对自己的工作进行反思。复盘自带一套科学的流程和方法，利用这一套流程和方法，学员可以有节奏、有步骤地将培训与实战中所学的经验和知识变成能力。很多经历过数字化训战复盘环节的学员都觉得，得益于复盘这个行为，他们身上的统筹能力、分析能力、管理能力都得到了很大的提升。

第三，对训战内容和模式有一个全面的了解。需要复盘的对象除了学员，还有训战本身。在复盘的过程中，聪明的训战师能够清晰把握整个数字化训战的流程，对已经发生的活动和工作进行反思和总结，对训战讲师团中的人员有更深入的了解和认识，对训战的项目有更实际的体验。每个讲师都有自己的长项和短项，通过复盘，这些长项和短项会更加的清晰。因此，训战师在未来组织训战团队和安排训战工作的时候，就可以扬长避短，将每个人都安排在更加合适的岗位上。同时，训战师对于训战的项目也能及时做出调整，一些不适合的项目，要及时叫停止损；一些有帮助的项目，要深入发掘和总结，必要时可以及时拓展。

（3）如何在训战中进行复盘。

在企业管理中，我们一般将复盘分为如下四个步骤：首先，回顾目标，回顾最开始的目标是什么；其次，评估结果，即对比一开始的目标，所获得的结果有多少完成度；再次，分析原因，即这件事情变成这样（成功或失败）的原因在哪里，一般可以分为主观原因和客观原因两个方面；最后，总结经验，即从这个事情中获得了哪些经验，以后要继续哪些措施，要叫停哪些项目等。

根据这四个步骤，数字化训战在引入复盘时，又将其拆分成八个具体的流程（如图2-12）。

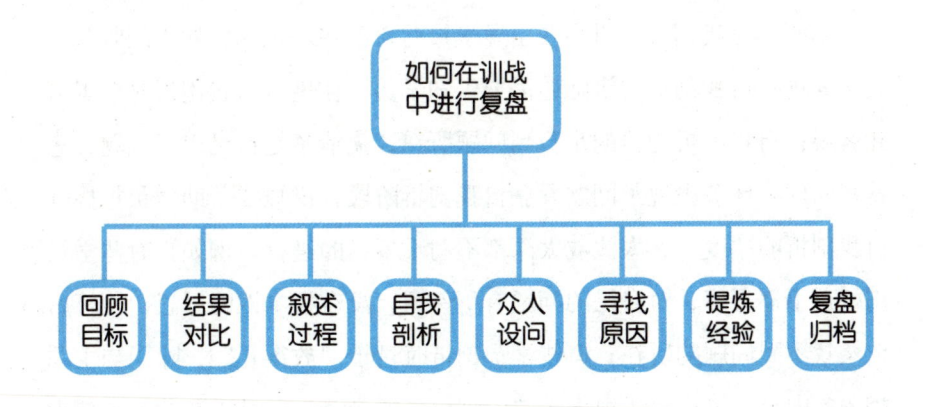

图 2-12 训战复盘的八个流程

第一，回顾目标。回顾本期数字化训战的目标，并将这个目标清晰明确地标示出来，以便时时提醒学员，防止大家中途偏离这个目标。

第二，结果对比。将学员在实战中获得的成果也清晰明确地标示出来，并放置在目标旁边进行对比。在结果对比这一步骤，讲师可以引导学员自己进行。一般来说，能产生四种可能的对比结果：结果和目标完全一致，完成了所设的目标；结果超过了目标，超额完成了预期的目标；结果没有达到目标，比预期的要更差；结果偏离了目标，做了预期中没有的事情。进行结果对比时，讲师不要过分强调差距，而要将重点放在引导学员发现问题上。

第三，叙述过程。叙述过程就是对所复盘的事件的过程进行叙述，叙述者可以是讲师，也可以是学员。叙述的目的是让所有人都知道事件的过程，让他们有共同讨论的基础，不至于在一些基础信息上浪费时间。因此，如果讲师选择让学员叙述过程，讲师自己一定要对内容有着精准的把握，当学员叙述得不全面的时候，可以引导别的学员进行补充。叙述时切忌偏离主题或者"只见树木不见森林"。

第四，自我剖析。讲师要引导学员对自己在培训和实战中的收获、失误等进行自我剖析。讲师还需要告知学员，在进行自我剖析时要坦诚和客观；自我剖析的目的是找到问题所在，搞清楚是自己出了问题，还是别的什么环节出现了问题。在自我剖析阶段，讲师要帮助学员把握好自我剖析的"度"，太浅或太深都不利于复盘的进行。例如，有些学员剖析得不痛不痒，对自己的问题有所保留，没有根本性的反思，剖析后依然找不到问题的所在；有些学员剖析时过于"放得开"，除了与主题相关的内容，还进行了很多无关的剖析，或者对自己过于严苛，大包大揽，将所有的问题都怪在自己的头上。

第五，众人设问。众人设问就是通过大家对事件的可能性进行设问，探索这个事件的可能性有多少，以及边界在哪里。一般来说，在众人设问阶段，讲师可以作为主持人把控全场，既不要让讨论冷场，也不要让讨论偏离主题。众人设问这种方式可以突破个人认知的局限，多维度、多角度地讨论问题。

第六，寻找原因。讲师和学员对讨论的结果进行分析，并分析事情变成这样的原因。一般可以从这几个维度去分析：当事件成功时，主观原因是什么，客观原因是什么，最关键的原因是什么；当事件失败时，主观原因是什么，客观原因是什么，最根本的原因是什么。

第七，提炼经验。提炼经验既是复盘的核心，也是数字化训战的核心。提炼经验提炼的是在复盘过程中能够学到的东西，如提炼方法论和培养迁移能力。提炼经验的核心是将这些经验固化下来形成模板，以便以后持续优化。一些常见模板工具有SOP（标准操作程序）和清单等。SOP是将事件的标准化操作流程用统一的格式描述出来，这些总结出来的流程可以用来指导和规范日常的工作。清单一般用于重复性的项目，如待办事项、检查事项、购物清单等。

第八，复盘归档。将复盘的经验进行归档，讲师可以安排学员将复盘的经验形成电子文件，并做好标识，在训战结束后交给每一位学员，以便大家在未来需要的时候可以及时调用。

第四节　萃取：企业数字化训战后的成果整理

1. 数字化训战成果转化的必要性

（1）为什么要做培训成果的转化。

所谓培训成果转化，就是指学员将培训中所学的东西，运用到实际工作中去，并将培训中的成果，以文件、制度、工具等形式留存下来。

在数字化训战中，训战成果的转化是非常关键的一环，甚至是检验数字化训战是否成功的关键要素。它不仅能够提升学员个人的技术能力，更能督促学员将"所学"转化为"所用"，持续有效地输出训战结果，将其转化为工作中的技能和绩效。可以这样说，一切不以成果转化为目的的训战都是"花架子"。

（2）培训成果转化的障碍。

当培训进入数字化训战时代，结合大家熟知的知识，我们应该意识到，人力资源的培训和开发是企业保持其竞争力的重要战略手段。企业不仅要做培训，更要做好培训。因此，企业培训不应该随着培训课程的结束而结束，而应该在培训课程结束后，对培训的成果转化进行规划和执行。

然而受制于现实，在实际操作中，培训成果转化的效果并不理想。其障碍主要体现在以下几个方面（如图2-13）。

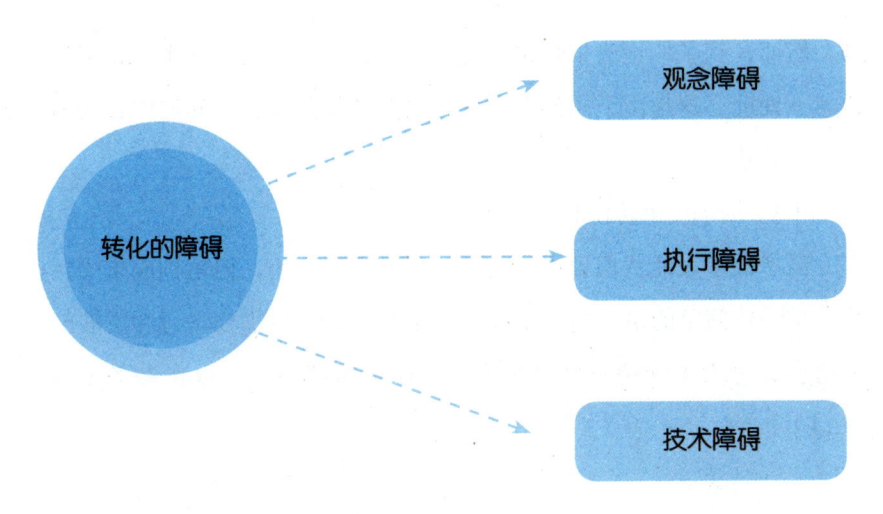

图 2-13　培训成果转化的三个障碍

第一，观念障碍。受传统培训思维的影响，很多管理者对培训的认识较为朴素，完全没有认识到培训后的成果转化的重要性，他们或者将培训看成是员工的一种福利，只要员工参加了就行；或者认为培训只是培训部门的工作，只要组织了工作，并汇报过就可以了。

第二，执行障碍。很多企业在组织培训的时候，往往对培训的需求缺乏科学、细致的分析，使得整体的培训带有盲目性和随意性。这样的培训结果本身就没有多大的转化价值。另外，还有一些企业在组织培训时，将重心放在了前期的投入和准备中，花了很大的资金和精力筛选、策划、安排课程。到了真正的培训实施阶段，这些企业反而松懈下来了，没有人过问，没有人跟进，更没有人负责组织培训成果的转化，最后只能草草了事。

第三，技术障碍。还有一些企业并没有遇到前面所说的两种障碍，它们既意识到了培训和培训成果转化的重要性，也不遗余力地组织培训。然而,到了培训成果转化阶段,它们仍然"两眼一抹黑",不知道该怎么处理。这是由于它们在技术上存在认知障碍,不知道应该如何转化培训成果。

(3)培训成果转化的三种路径。

虽然很多人能认识到培训成果转化的重要作用,但培训成果的转化并不是一件简单的事,它甚至和培训本身一样,是需要学习和实战的。在这里,为大家介绍三种培训成果转化的可能路径,以作参考(如图2-14)。

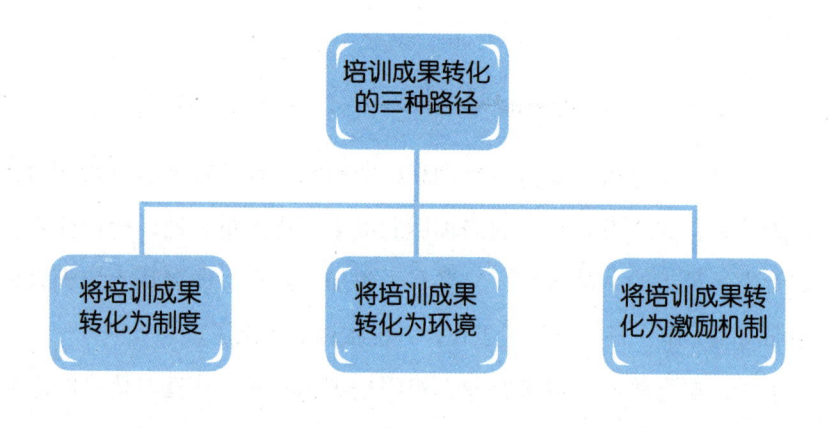

图 2-14 培训成果转化的三种路径

第一,将培训成果转化为制度。对于很多企业来说,数字化训战提供的不仅是知识和技能,还带来了最新的理念和方法。如果说,技能和知识可以通过员工的日常工作转化为生产力,那么,理念和方法就要借助企业文化成为生产力。在这里,将数字化训战所带来的理念和方法转化为制度的形式是其成为企业文化最有效、最可行的方式。将训战成果转化为制度，有利于加深员工对训战内容的理解和掌握。因此，在数字化训战结束后，我们要总结训战成果，萃取其中先进的理念和方法，写入企业制度中。

第二，将培训成果转化为环境。这里的环境既包含物理环境，也包含人文环境。物理环境指的是，将培训成果转化成海报、标语、口号、视频等形式，使其成为物理环境的一部分，时刻提醒企业员工。人文环境指的是，在工作中保留和延续在数字化训战中形成的团队精神、奋进氛围等，使其成为企业中的人文环境，激励员工。

第三，将培训成果转化为激励机制。在成果转化中，制度的支持和环境的烘托与引导都属于外部的、被动的因素。事实上，成果转化的核心是将其转化为激励员工的内在因素，使员工可以主动将训战中获得的知识和技能，用于实际的工作中，提高生产效率。

2. 萃取在数字化训战中的角色

萃取原本是一个化学概念，又称溶剂萃取，亦称抽提，是利用系统中的组分在溶剂中的溶解度不同来分离混合物的单元操作。通过萃取，人们能从固体或液体混合物中提取出所需要的物质。

然而这个化学概念却因其生动形象的提取方式，被广泛地应用于企业管理中。在数字化训战后的成果整理中，我们也巧妙地应用了这个概念，因为它能够将数字化训战中的成果萃取、提纯、存档，使其纯度提高，真正成为系统的、有价值的、可参考的、可操作的成果，为团队和个人所用。

因此，萃取在数字化训战中，主要起到为成果整理提供技术支持的作用。

在数字化训战中，有些学员自己能够掌握萃取技术，对训战中收获的经验、技能等进行直接萃取；也有些学员虽然在训战中学到了很多技术和知识，但却对萃取经验这件事情无能为力，需要讲师的帮助。本着"授人以鱼不如授人以渔"的理念，我们认为，学员最好能直接掌握萃取这一技术。

3. 经验萃取的几个步骤

尽管数字化训战依托数字技术，但在实际的萃取过程中，主要萃取的依然是训战中积累的经验。具体的萃取活动可以遵循以下步骤（如图2-15）。

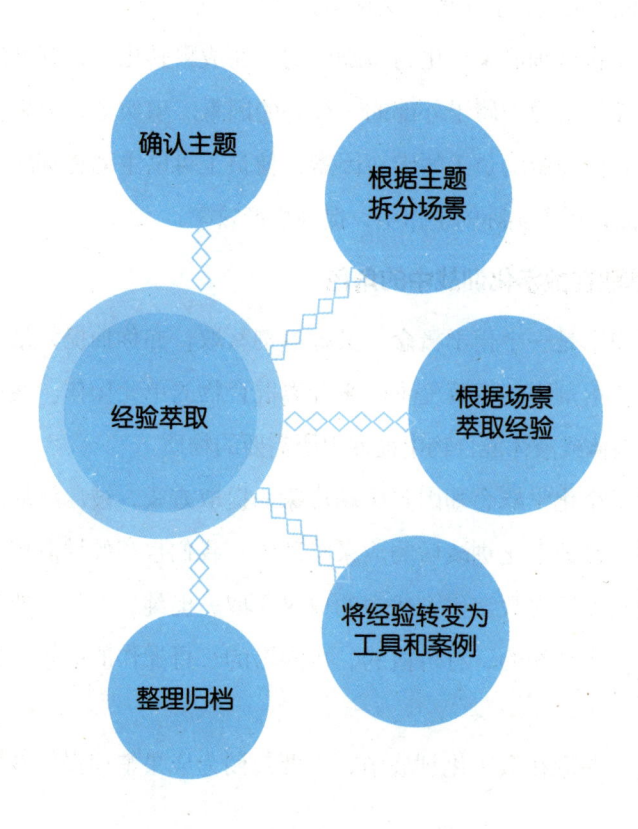

图 2-15　经验萃取的五个步骤

（1）确认主题。

萃取经验首要的是确认萃取的主题，即明确要萃取此次数字化训战中的哪些具体内容。很多人经常将"萃取经验"挂在嘴边，遇到什么事情都要"萃取"，这是没有必要的，是对"萃取"一词的滥用。数字化训战所涉及的内容庞杂，很多都可以作为萃取的对象，如果没有明确主题，很容易在萃取的过程中，这里一下，那里一下，分散精力，内容不明确。对于萃取者来说，确认萃取的主题是非常关键的，这有助于明确目标，提高效率。

例如，学员在尝试自己萃取经验时，可以从自己的工作职责入手，结合此次数字化训战的主题，将与自己工作职责相关的数字化训战内容作为此次经验萃取的主题，再在这些主题的基础上，将经验萃取这个步骤做熟、做透。

（2）根据主题拆分场景。

在确认好大的主题之后和萃取经验之前，还要做的一个重要步骤就是将大主题拆分成一个个小场景，再在小场景中进行具体的萃取。因为管理经验往往蕴含在实际的小场景中，这些小场景可以是一项具体的训战事件。一般来说，一个主题可以拆分成十来个具体的管理场景。萃取者还要对拆分出的场景进行重要性排序和分类，以便最后形成一个成果一目了然的思维导图。

（3）根据场景萃取经验。

很多学员在训战中表现得非常好，但一到萃取经验这个步骤就觉得"头大"，不知道从何入手。主要原因是在训战时完全听从讲师安排，而萃取经验则要发挥自己的主观能动性。讲师要鼓励学员走出自己的舒适区，锻炼自己的表达和组织能力。根据场景萃取经验的过程，主要可以分为以下几步（如图2-16）。

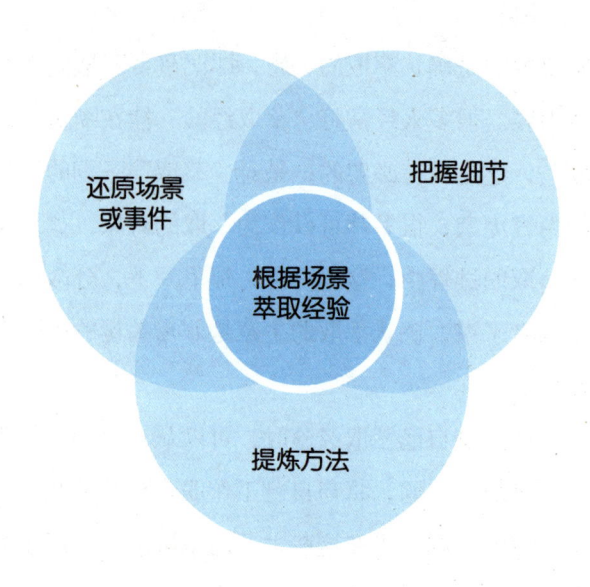

图 2-16　根据场景萃取经验的三个步骤

第一，还原场景或事件。萃取者从前一个步骤拆分出来的场景或事件里选择一个进行深度还原，在还原过程中要注意抓住重点。萃取的本质是提取精华，并不是所有经验都值得萃取。如果萃取的经验是大量粗糙的、没有经过沉淀的经验，那么，耗时耗力不说，萃取的成果也不会太好，萃取就失去了意义。

第二，把握细节。在具体的场景和事件中，我们要明确当时的具体工作细节，抓住要点，找出场景中的易错点和闪光点。例如，萃取的事件是一次比较成功的促销活动，这可以根据操作原理、操作关键、操作诀窍、操作难点等方面把握具体细节。

第三，提炼方法。这一步是将上述工作细节提炼成可以重复操作的方法，这个过程中，我们可以借助一些直观的工具，例如，构建模型、整理话术、编成口诀、罗列清单、套用公式等。

（4）将经验转化为工具和案例。

经验萃取成功后，还不能直接用于工作中，需要对其做进一步的优化处理，将其转变成可直接使用的工具，如话术工具、计划工具、监督工具、盘点工具等，最好在这些工具中加上示例。我们还可以更进一步撰写成案例式的文章，辅以抓人眼球的标题、短段落的对话、简练的陈述，这样更加易于后来的学习者学习和阅读。

（5）整理归档。

这些工具整理好以后，要为其制作目录，并归档整理，便于日后查阅使用。

第二章

组建一支高效的训战团队

第一节　青出于蓝：内训师队伍视图

1. 什么是企业内训师

企业内训师是企业培训师的一种，但与普通的企业培训师又有所不同，它指的是在企业内部，获得集团内各级企业颁发的内聘培训师证书，兼职承担培训授课及相关任务的企业员工。而除了企业内训师之外的其他企业培训师，一般指的是外部职业培训讲师，属于企业的培训外包服务人员。相对来说，企业内训师与企业之间的关系比外部职业培训讲师与企业之间的关系更加密切。企业内训师对企业的研究更深入，期待也更大。

我们可以这样理解数字化训战中的企业内训师。在数字化时代，企业能否快速理解、适应用户消费习惯的转变，做好线上线下协同营销，对于企业的业务发展至关重要。因此，很多企业自己或者与别人联合组建了以企业名称命名的"××大学"，发起相关的数字化实战项目，通过线上线下相结合的实战培训模式，为企业注入线上营销理念，帮助各公司组建线上线下协同营销作战队伍。而企业内训师便是这所"大学"中的讲师。企业内训师的主要使命是贡献自己的力量，为企业业务发展助力。

2. 内训师分类与分级

（1）内训师的类别。

按照授课内容的不同来分类，内训师可以分为经营管理类、市场类、销售与服务类、产品类、企业信息化类、维护与服务支撑类、综合支撑类七个类别（如图3-1）。

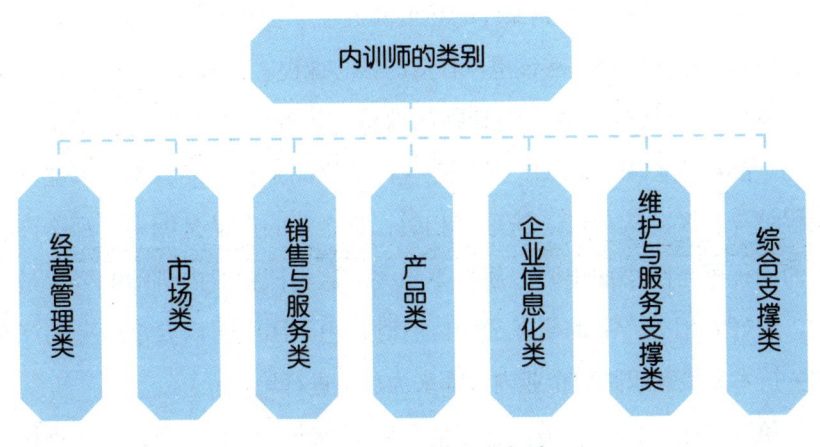

图 3-1　内训师的七个类别

第一，经营管理类。这类课程的内训师授课的主题是经营管理。近年来，随着领导力等管理概念的深入人心，这类内训师还会拓展领导力相关的课程。这类课程主要面向的群体为企业中层及以上的管理人员，因此对内训师的经验、形象、气质、口才等的要求都较高。内训师最好在大型企业从事过相关的管理工作，面对以管理层为主的学员，在课程体系、知识储备、人生阅历、形象气质、演讲口才等方面，都要能掌控得当。

第二，市场类。这类内训师的课程主要面向的是企业的市场部。每个企业的市场部的职责都有细微的差别，因此在准备此类课程时，内训师要以专业、系统、务实等为主要原则，要注意授课的内容是否符合学员实际的需求，此外还可以根据实际需要，准备相关的实战。

第三，销售与服务类。这类内训师的课程是近期企业内训比较火热的一个方向，在以"产品为王"向以"销售为王"转变的过程中，越来越多的企业认识到了销售的重要作用。而随着对销售重视度的提升，企业也逐渐意识到销售与服务之间的密切关系，甚至可以这样说，销售本质上就是一种服务。此类课程的热度和关注度都极高，覆盖的人群也很广，因此是企业内训师应该重点打造的核心课程。

第四，产品类。这类内训师的课程与产品的生产相关，受企业生产的产品种类影响。例如，某企业生产的产品是护肤品，那么产品类的课程就与护肤品的生产、管理等相关；某企业的产品是图书，那么产品类的课程就与图书的出版、质检等相关。这类课程对内训师的要求是专业，最好有相关产品的研发经历。有时，内训团队可以要求企业的产品相关技术人员兼职此类企业内训师来为员工进行培训。

第五，企业信息化类。企业信息化是指将企业的生产过程、物料移动、事务处理、现金流动、客户交互等业务数字化的过程。一般来说，这类内训师的课程侧重于企业信息化的操作和管理。这类课程设计的表格和工具会比较多，在训战结束后，企业内训师要引导学员做好训战成果的整理和转化工作。

第六，维护与服务支撑类。这类内训师的课程一般面向后勤保障部，以维护相关的技术和服务支持为主要培训内容。受工作岗位的影响，这类员工的年龄偏大，文化程度偏低，因此，内训师在准备这类课程时，要注意内容的实用性和语言风格"接地气"，切忌照搬照抄课件上的内容或使用过多的专业名词，要用简单易懂的语言将课程内容讲解清楚。

第七，综合支撑类。综合支撑类内训师的课程一般面向的是企业的综合部门，这个部门的工作庞杂，包括日常的票据报销、防疫保障、公文写作、来客接待等工作。因此，在做这类课程设计时，内训师一定要以企业文化为主要依据，制定本部门自身的考核标准，将本部门的实际工作场景作为训战场景，引导员工进行实战训练。

（2）内训师的级别。

在一些较大的企业中，我们还可以按照授课对象范围对企业内训师进行分类。例如，国内某家通信公司，就将其内训师分为集团级、省公司级和地市公司级三个级别。不同级别的内训师在授课内容上也可根据实际做一些区别。一般来说，级别越低的内训师，训战的内容越贴近学员的实际情况。例如，地市公司级的内训师就可以将训战的场景搭建在地市的某个区内，这样，学员的实际作战感受就更加强烈，训战的效果也更加明显。而级别较高的内训师，则可以在训战的视野和格局上做文章。这类内训师所拥有的信息、资源，所站的高度，都要高于级别低的内训师，因此，在准备课程的时候，视野要更宽，格局要更大，训战的内容要与内训师的级别相符，让参加训战的学员有质的飞跃。

3. 建立自己的师资库

当选育了一定的内训师后，企业要考虑搭建属于自己的师资库。在这个师资库里，企业要将各个内训师的擅长内容、时间安排、研究方向、联系方式等都标示清楚，以便需要的时候可以快速地找到这位内训师并建立联系。

除此以外，与内训相关的课程、资料、费用标准等，企业都可以依靠已有的经验或资源，搭建一定的管理平台或者资源库，以便以后能够有序地开展训战。

第二节 春风化雨：内训师重点工作

1. 课程开发

内训师的重点工作之一是课程开发。课程开发是训战的前期工作，其工作的好坏直接决定着未来训战成果的好坏。一般来说，内训师根据学员的需要来确定和分析课程目标，再依据这一目标来确定教学内容和制订相关教学计划与步骤，如组织、实施、评价、修订等。

在课程开发中，我们通常用ADDIE系统来确定重点工作。我们知道ADDIE是指一套系统的发展教学的方法，主要解决学什么（学习目标的制定）、如何学（学习策略的运用）以及学得怎么样（学习评量的实施）等问题。ADDIE代表了五个过程，即Analysis（分析）、Design（设计）、Development（开发）、Implementation（实施）、Evaluation（评价）。

为此，我们将课程开发分为了课程目标、课程内容、课程实施与课程评价四个环节（如图3-2）。

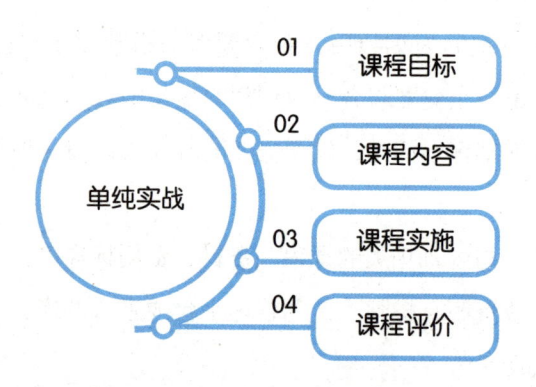

图3-2 课程开发的四个环节

（1）课程目标。

课程目标指的是设计这个课程的主要目标是什么。在数字化训战中，课程目标一般都是具体的、可实现的。这就要求内训师在制定目标的时候，尽量将目标量化或具体化，综合考虑学员的能力和培训可能产生的助力后，设置一个略有难度但又可实现的目标。例如，原来一个销售人员平均每月回款为400万元，那么，我们可以将课程目标设置为，在经过数字化训战的洗礼后，每位销售人员平均每月的回款为500万元。

（2）课程内容。

课程内容指的是内训师要在训战期间为学员提供的具体内容。课程内容的设计一般根据课程的实际情况进行，内训师要设计一些贴合实际的、有大量实例和数据支撑的内容。以与销售相关的课程内容为例，内训师需要动态开发本地课程：挖掘实践做法，总结销售话术和方法，形成本地课件和工具表单用于课程教学。内训师还要积极参与集团课程开发：在现有实体渠道课程体系基础上，补充缺失课程、迭代最新内容，如数字运营官、爱心大使课程开发，本地网管理人员能力图谱完善等。

在选择课程内容的时候，我们要注意根据实际情况和自己的感悟体验时常更新。很多内训师在工作了一段时间后，往往有这样偷懒的行为，即直接用之前用过的课件，课程框架不变、课程主体不变、课程内容不变、课程案例不变，讲课的PPT几年下来都是一样的。这种行为是很不可取的，不仅对学员不负责任，对自己的职业也充满了不尊重。

（3）课程实施。

课程实施指的是将课程落实下去。与传统的单一教室授课不同，数字化训战的课程实施是立体的，需要联动线上线下、各个级别的内训师等多个渠道进行。

以某企业为例,在课程实施前,企业先组建了集团级开发团队和战区、31省骨干辅导教练的立体内训师团队。内训师会在训前接受线上赋能集训,结合前期各省优化课程,在实战中从各战区输入优秀实战案例,优化一线最佳实践,从而形成最新、最接地气的课程,以及一批能授课、能实战、招之能训、训之能战的内训师队伍。做好准备后,在整个实施环节,企业明确了项目团队的分工运作、参训社群的分级运营,以保证大规模行动的同步协调。此外,企业借助数字化平台、一体化设计等手段,助力学习效果的强化与学习体验的优化。

为了确保各片区大群、省市小群同步学习、同步实战、规定动作不走样,该企业对项目团队进行角色分工,明确各自职责,实现相互配合。整个项目团队有总统筹、总策划、总调度,有运营执行,有助学陪练的辅训师资。任务的合理分配使得线上千人级社群运营咨询有反馈、疑问有回应,让每个团队得到帮扶,每位学员得到关注。如下表所示。

表 3-1 某企业数字化营销实战项目分工明细

角色	人员配备	职责	输出成果
项目负责人	1人	负责总牵头和统筹 ➢ 协调统筹整体资源,项目整体设计,推进项目整体进度 ➢ 观看运营节点和管理合作方关键人 ➢ 审核方案、运营、课程课件等	/

（续表）

角色	人员配备	职责	输出成果
运营官	1人	负责整体设计、运营策划和社群宣发 > 协调发文、线上建班、直播档期预约等 > 整理输出课程课件、案例集 > 收集素材，设计输出宣传海报、项目总结长图文 > 收集素材，剪辑输出项目回顾总结视频 > 整理输出学习数据、直播数据、实战数据等	课程课件 案例集 实战表单 宣传回顾 数据整理
内容官	1人	负责引入企业行业内外优质师资 > 理论课程讲授 > 内训师团队培养与运营 > 各片区帮扶	/
战区班主任	1人/群	负责分群班务管理和标准化运营 > 完成报名，群内修改群昵称、签到、训前课程指引 > 每日纪律维护 > 任何信息收集、案例收集、实战照片等收集动作	训练营 Q&A 积分排名表
内训师	集团级内训师 40人	负责辅助性辅导和经验内化 > 辅导所在小组学员的理论学习和实战应用 > 经验内化沉淀，输出课程相关课件 > 总结沉淀优秀案例	迭代课件 实战辅导手册
	省骨干内训师 1人/省	负责辅助性辅导和经验内化 > 对本省理论学习和直播实战的辅导	实战辅导手册

(续表)

角色	人员配备	职责	输出成果
实战教练	1人/群	负责实战指导和点评复盘 ➢ 辅助各小组完成实战筹备工作 ➢ 完成内训师授课、辅导的相关指导 ➢ 完成课程相关群内答疑 ➢ 完成各小组实战辅导，复盘点评 ➢ 整理输出实战表单	实战表单集

（4）课程评价。

课程评价就是对实施的课程展开评价，用于以后的训战改进。

2.教学授课

教学授课是企业内训师的又一工作重点。和传统授课不一样，在数字化训战中，内训师很可能面对镜头直接进行授课。

我们知道线上授课的氛围本身就比线下授课的氛围要弱。而数字化训战又要求内训师在授课过程中比普通的授课更加热情、更加有感染力。因此，内训师需要练习基本的讲课能力，注重授课技巧，在授课过程中与学员进行适当的教学互动，把握课程氛围的主动权，控制教学现场。一般来说，每一次培训授课都可以分为开场、中场、收场，对每一个场域的控制反映了内训师的基本功。在培训课中，课堂就是内训师的舞台和主场，好的内训师一定有自己的把控主场的方法。对于数字化训战来说，尤其如此。接下来提供几种方法供大家参考。

（1）开场：五步开场法。

五步开场法即用五个步骤来开场授课（如图3-3）。

五步开场法

1. 问候大家
2. 自我介绍
3. 开场白
4. 概述本节课的内容
5. 正式开始授课

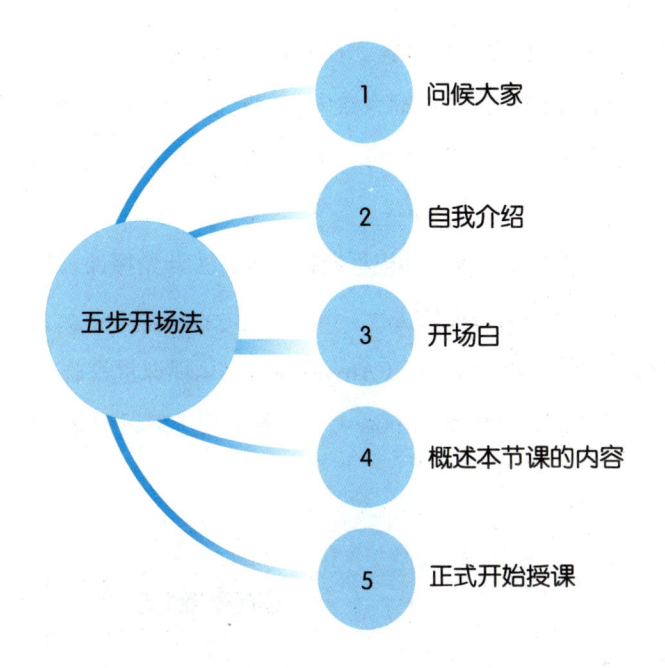

图 3-3　五步开场法的五个步骤

第一步，问候大家，即根据实际的场景使用特定的称谓问候现场的人员。如"各位学员大家好，欢迎参加今天的数字化训战"，一般来说，第一步的用时控制在10秒之内。

第二步，自我介绍，即给现场的人员做一个简单的自我介绍。一般介绍时，内训师要选择和主题相关的身份和职务，最好不要超过三个，不要过于烦琐和累赘。如果前面的主持人已经做过相应的介绍，则可以省去此步，第二步的用时控制在20秒之内。

第三步，开场白，可以用讲故事、提问题、做回顾、举例子、说典故、列数据、玩游戏等形式作为课程的开场方式，这个过程的持续时间可以长一些，但也要控制在1分钟左右。

第四步，概述本节课的内容。在开场白之后，内训师要用连接词引出本节课的大致内容，在讲解大致内容的时候，要注意条理性和逻辑性，只对主要内容做分点概括即可，不需要长篇大论，这部分的时间控制在2分钟以内为宜。

第五步，正式开始授课，即根据课程内容正式开始授课。

（2）中场：A3P模型控场法。

所谓A3P，即引起学员注意（Attention）；呈现课堂收益，赢得认可（Profit）；界定适用边界（Purpose）；告知流程，解答疑惑（Process）（如图3-4）。

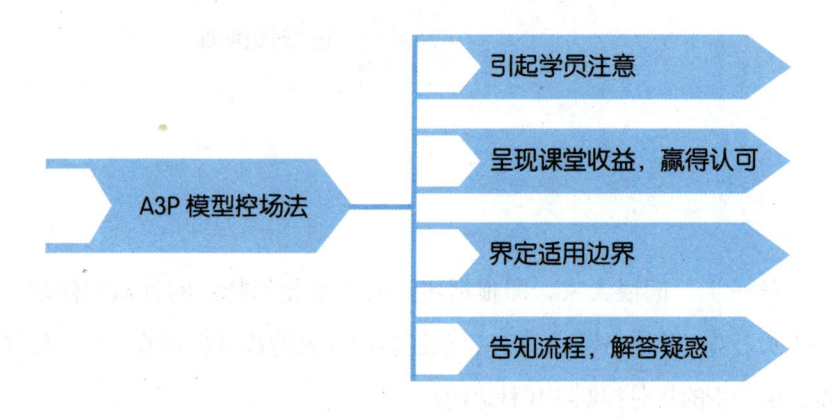

图3-4　A3P模型控场法的四个要点

第一，引起学员注意（Attention）。注意力是培训中最宝贵、最值得被珍视的能力。能否吸引学员的注意力，是内训师能否上好一堂培训课的关键。如果在一开始，内训师就牢牢把控住学员的注意力，那么，课程就成功一半了。如何吸引学员的注意力呢？内训师可以从授课内容、授课形式、语言风格等入手，结合学员的特点进行设计。就像春晚小品，每一个小品的成功都是演员和创作人员背后无数次排练和改进的结果。课程效果也一样，对于每一个包袱、每一个笑点、每一个知识点，内训师都要经过无数次的实践，才能把握好节奏，有效吸引学员的注意。

第二，呈现课堂收益，赢得认可（Profit）。这里主要指的是课堂中传授的内容，内训师要用真材实料赢得学员的认可。让学员在听完一堂课后，获得实实在在的收益和启发，内训师才能真正赢得学员的认可。

第三，界定适用边界（Purpose）。这一步是要告诉学员，所讲授的内容、方法、工具等，适用的边界和范围在哪里。在培训中，内训师会设计很多的工具、模型等，这些东西并不是在所有情况下都可以使用的，内训师在授课过程中要明确使用范围，防止学员误用。

第四，告知流程，解答疑惑（Process）。内训师除了在一开始的时候，要告知学员大概的授课内容之外，在授课的过程中，也要经常提醒学员，此部分内容与总体内容的关系。内训师要告诉学员上次课、这次课、下次课分别会讲什么内容，让学员对自己所学的知识有个大概的理解。内训师还要时常解答学员关于课程的疑惑。

（3）收场：串联内容+促进行动+庆贺收获。

在培训中，内训师经常会犯"虎头蛇尾"的错误，就是精心准备培训的开场，让开场非常抓人眼球，却不那么重视培训的收场，往往以一句"结束"草草了事。这其实是不对的，在培训中，开场重要，中场重要，收场同样很重要。在培训的收场中，内训师至少要帮助学员总结和整合所学的内容，并帮助其梳理、复习和强化；要激发学员内在的动力，促进其在未来有更好的行动；要庆祝学员的所学，使其有满足感和收获感。总结起来，内训师可以以"串联内容+促进行动+庆贺收获"的方式进行收场（如图3-5）。

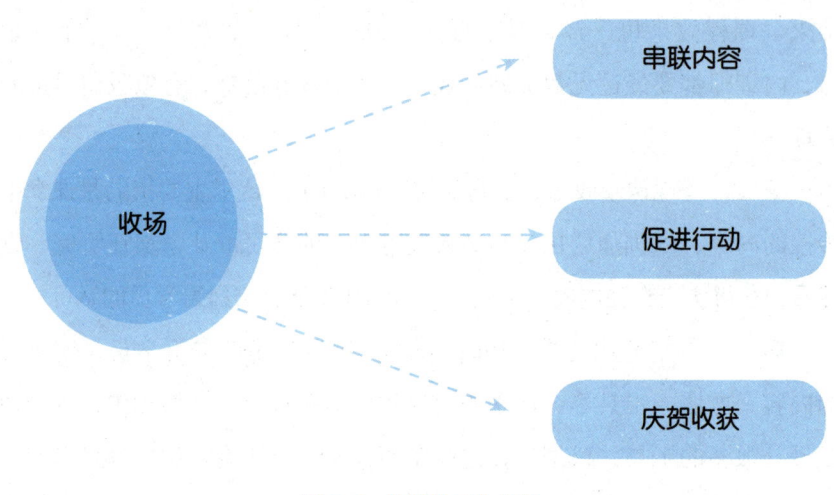

图 3-5　收场的三个步骤

第一，串联内容。这一步指的是内训师帮助或带领学员将本节课所学的东西串联起来，以便于学员在更广阔的视角下回顾本节课所学的内容。要注意的是，串联的主角是学员，而不是内训师。学员在尝试串联课程内容的过程中，投入越多理解就越多，获得也就越多。

第二，促进行动。将所学内容应用于实际是数字化训战的根本目的，因此，内训师在课程即将结束之时，一定要督促学员尽快将所学的内容落实到实际工作中。只有将所学的知识和实践相关联，他们才能感受到巨大的价值和满足感。这样，在接下来的工作中，他们才更愿意开动脑筋，学以致用，将培训课上所学的内容更多地转化为实际能力。在这一过程中，内训师可以邀请学员填写行动计划表，或使用"531"法（即说出5个价值点，3项未来计划，1个具体行动）等方式促进学员的实际行动。

第三，庆贺收获。在培训课的最后，内训师还应该为学员创造一个具有仪式感的结尾。任何人在做完一件事，尤其是一件较为困难的事情后，都渴望获得认可，希望得到充满诚意的祝贺。内训师可以组织学员轮流分享经验体会，或者为学员准备充满惊喜的结业小礼品，还可以组织有纪念意义的合照留影等。

3. 实战带训

实战带训是数字化训战中内训师需要做的最核心的工作，也是数字化训战内训师有别于其他培训形式的内训师的根本。在实战带训中，内训师应该具备以下几方面的具体能力。

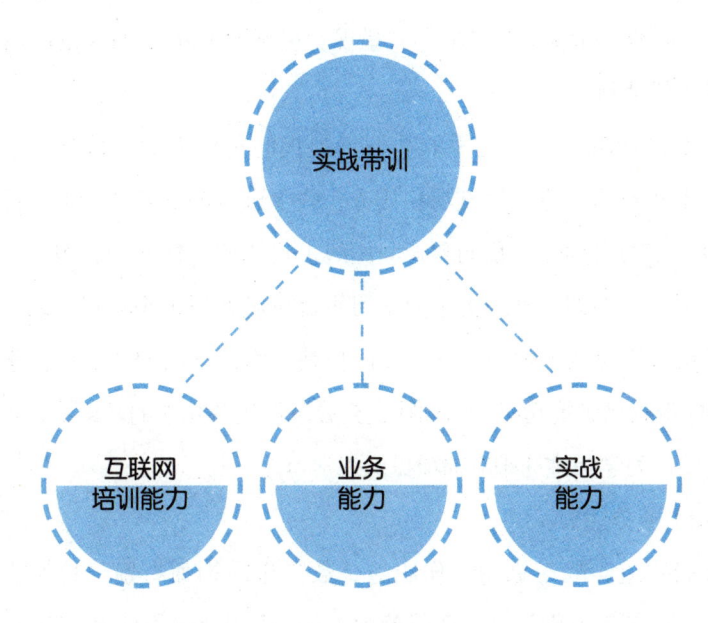

图 3-6　实战带训时内训师应具备的三个能力

（1）互联网培训能力。

互联网培训能力指的是内训师借助互联网平台从事培训的能力，具体包括微课制作、社群学习等。

第一，微课制作。简单来说，微课制作就是将自己所要讲授的课程录制成微课并上传到网络。如今，微课制作的形式多样，内训师可以借助网络将自己的微课制作得精致、漂亮、吸引人。大体来说，内训师不论制作怎样的微课，都需要以下内容，即选题、教案、课件、视频。选题指的是本次微课所要录制的内容主题，一般来说，微课的时长较短，在5~12分钟，因此，选题宜具体、可操作，不宜宏大、抽象。教案指的是在课程中所要讲解的文字内容和知识，也可以理解为视频的脚本，内训师在录制微课前，要对教案有大致的规划，不可天马行空，想到哪里讲哪里。课件一般是以PPT的形式呈现。视频则可以通过Camtasia studio等软件实现录制。

第二，社群学习。这里的社群学习指的是线上的社群学习，即一群人基于共同的兴趣、价值观和任务在线上进行的交互式和群体性的学习行为。作为内训师，我们要能利用线上资源和网络平台，组织学员进行社群学习。例如，某线上企业学习平台可以实现组织知识萃取、在线智能考试、岗位能力模型、学习社区搭建、智能学习报表、线上学习计划、OJT带教培训等功能。内训师在充分掌握这些功能的基础上，根据授课的需要，为学员挑选相应的项目组织学习。

（2）业务能力。

我们知道实战带训的工作职能是数字化内训师有别于其他培训师的根本，正是实战带训这一职能使数字化训战成为可能。内训师在履行实战带训这一工作职能之前，一定也是一名出色的业务员。即内训师除了训战讲师的身份，一定还有其他的业务身份，而正是因为他在其他的业务身份中有出色成绩，才能从岗位中脱颖而出，成为一名优秀的内训师。因此，内训师一定要结合业务需求，响应市场和业务变化，在做好本职工作的基础上，成为一名业务专家，更好地为学员服务。

内训师的业务能力包括做好本职工作和成为业务专家。做好本职工作指的是，使自己负责的工作的经营业绩、KPI等指标位列前茅；成为业务专家指的是，能够把业务中经过实践检验的、行之有效的方法转化为培训内容。

（3）实战能力。

这是对内训师提出的更高要求。首先，内训师要组织好实战训练，推进专业运营工作的完成，提升企业利润；升级实战打法，紧跟业务发展，结合最新战略要求、业务政策和本地市场环境，挖掘抓取有效方法和经验，高频产出课程。其次，内训师在实战培训的时候，在线下，要进行专业化运营总监师资转训，结合细分渠道特点开展训战课程，承担教练员职责；在线上，要承担训战时的授课和带训任务，跟踪门店实战效能。最后，内训师要能进行复盘优化，要知道实战中存在哪些最需要解决的问题，有哪些有成效的做法，要能优化课件和操作手册，能总结出优秀实践案例。

第三节　润物无声：内训师培养路径

内训师的培养是数字化训战推广和扩张的有力保障。企业要着力于打造数字化人才培育内循环，用润物细无声的方式培养内训师。企业在培养内训师时，需要依照"选、用、育、评、管"这五个路径。

1. 内训师选拔

（1）选拔方式。

在较大的、有自己的培训团队的企业中，内训师的选拔可由集团总部启动，根据各分公司当年培训工作开展情况，结合各分公司的推荐情况确定名额。若企业没有自己的培训团队，则可以通过直接面试的方式确定选拔名额。

（2）选拔原则。

选拔主要依据两大原则，即优胜劣汰、动态调整。

第一，优胜劣汰。这很好理解，我们主要选拔那些优秀的、口才好的、对数字化训战有激情的、有相关工作经验的人作为内训师。

第二，动态调整。这一条主要针对大企业，大企业在选拔内训师时，还要注意遵循动态选拔的原则。所谓动态选拔，即在保持总量稳定的情况下，结合各分公司培训工作情况、业务发展情况等，每年对各分公司的内训师进行优胜劣汰的动态调整。

（3）选拔标准。

第一，基本要求。成为一名出色的内训师，需要满足的要求有很多，但最基本的要求是热爱培训和乐于分享。

第二，业务能力。业务能力突出，在本地工作业绩位列前茅。

第三，内训师潜质。善于表达、逻辑思维能力强，熟练掌握并能灵活应用办公软件及教学工具。

第四，匹配度高。高级专家、管理岗内训师、企业培训讲师等与内训师岗位高度匹配的人可优先推荐。

2. 内训师"使用"

我们知道,内训师的主要职责包括课程开发、教学授课、实战带训等(如图3-7)。因此,企业在对内训师的"使用"上,要求其"学而时习之"。

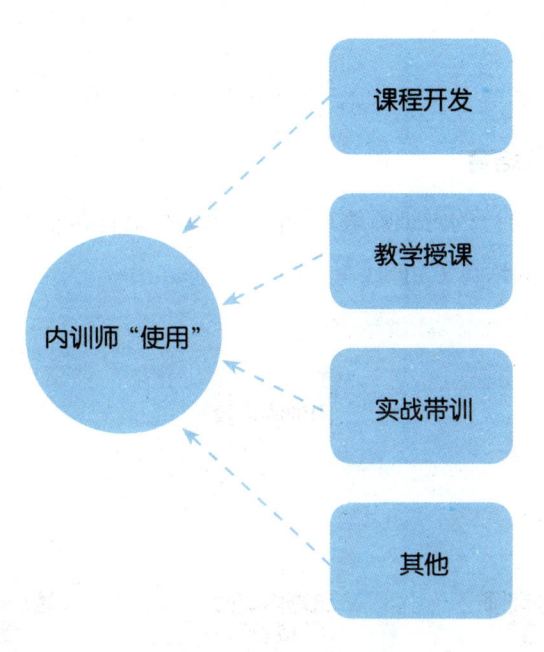

图 3-7 内训师的四项主要职责

(1)课程开发。

内训师要参与开发企业重点课程,挖掘本地实践和有效经验,总结形成课程三件套课件、学员手册、讲师手册和相关工具表单等。

(2)教学授课。

内训师要服从企业师资调度安排,到需要的地方进行线下教学授课,或进行线上远程培训,同时要做好企业开发课程的本地化及转训工作。

(3)实战带训。

内训师要将课程与实战结合,解码培训授课内容,做好实战组织、过程辅导及总结复盘,帮助学员提升业绩。

(4)其他。

内训师要参与一些重大项目并做好案例贡献与整理工作。

3. 内训师培育

企业要有自己的内训师培育梯队,内训师培育包括对后备、试聘及聘任的内训师的培育(如图3-8)。

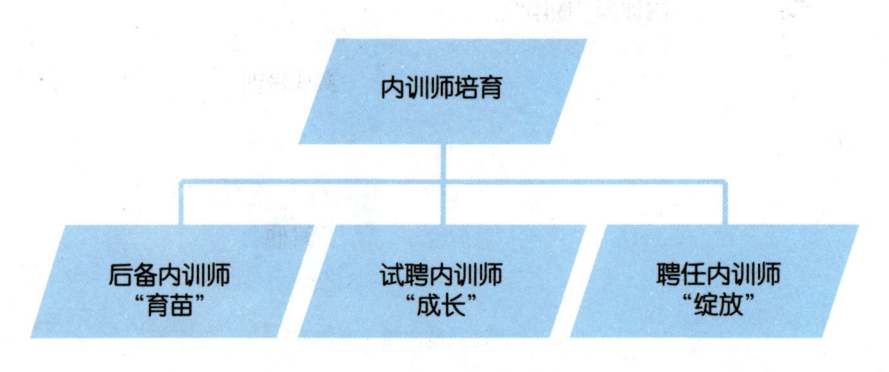

图3-8 三种内训师的培育方式

(1)后备内训师"育苗"。

第一,试讲评审及跟踪。对后备人员进行试讲评审,选拔优秀者作为成长导师,然后开展为期半年的跟踪评价。

第二,择优聘用。根据综合评价结果,对后备内训师进行排序,择优纳入更高一级的内训师队伍。

（2）试聘内训师"成长"。

第一，集营赋能。集团组织集中训练营，提升内训师的渠道带训技巧和进阶能力。

第二，复盘辅导。内训师在一年试聘期间至少完成"3个1"：1次集团授课、提交1个主讲课程和1个可复制案例。企业定期组织内训师做复盘辅导。

（3）聘任内训师"绽放"。

企业对试聘转正内训师建档、立库、树形，也就是建立内训师管理档案和信息库，帮助打造内训师形象标签，并优先提供课程开发工作坊、渠道大咖秀等授课学习机会。

4. 内训师评聘

内训师评聘具体包括后备内训师试聘、新聘推荐、转正或续聘、定期考核及评优等工作，具体讲解以下三个（如图3-9）。

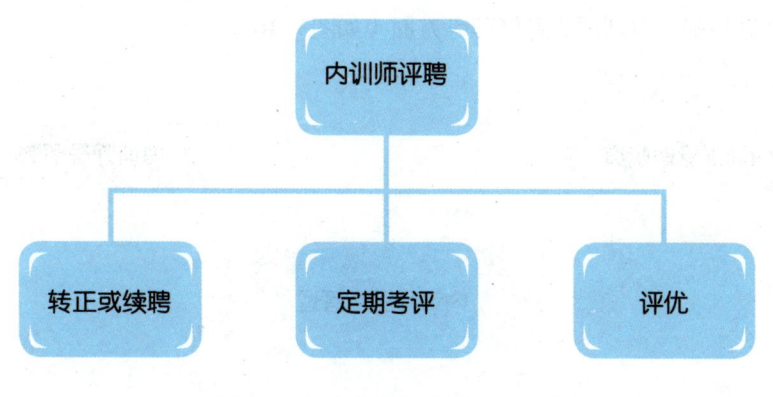

图 3-9 内训师评聘工作的三个重点

（1）转正或续聘。

第一，转正。企业一般在试用期结束后，结合相关的培训情况、行动学习完成情况，根据考核结果决定内训师是否转正。

第二，续聘。正式聘任的内训师的聘期结束后，企业根据考核结果决定是否续聘。

（2）定期考评。

企业每年根据内训师在学习圈的授课时长、实战带训场次、课程开发课时、案例贡献等情况，进行积分评价，分为优秀、称职、基本称职和不称职等级别。

（3）评优。

企业根据积分的排名或者学员的认可度等对内训师进行评优。

5. 内训师日常管理

企业在进行内训师的日常管理时，要建立健全管理机制，激发队伍活力。内训师的日常管理主要包括内训师管理职责、师资调度管理、内训师导师制、内训师信息管理等方面（如图3-10）。

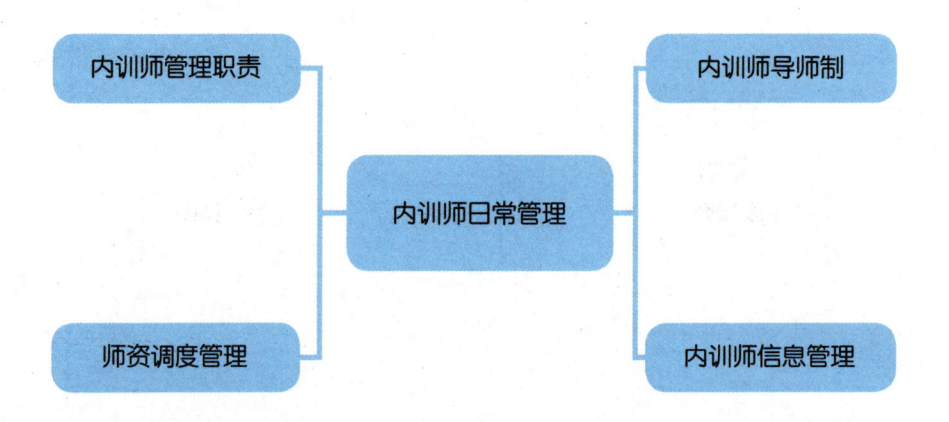

图3-10 内训师日常管理的四个方面

（1）内训师管理职责。

内训师管理职责有内训师培育和日常管理两个方面，主要包括：调度使用、组织培训和课程开发等教研活动，做好内训师信息维护和管理，协助组织内训师考核等。

（2）师资调度管理。

企业要为师资匹配完善的调度流程，比如集团级内训师要由集团和学院统一调度使用。

（3）内训师导师制。

企业可推行内训师导师制，为后备内训师匹配成长导师，导师开展定期辅导、跟踪培养，设立双向评价机制，对表现优异人员分别给予推优、评聘等资源倾斜。

（4）内训师信息管理。

内训师信息管理就是指师资档案的建立和维护。企业对于各类内训师，建立师资个人档案，包括师资基础信息、主讲课程、积分评价、身份标签等，进行常态化维护管理。

第二篇
工具篇

第二章

工具篇

第四章 数字化工具

第一节　培训工具箱：三大经典学习类工具

我们知道，数字化训战主要依靠线上平台得以实现。很多企业并不具备开发培训平台的精力和财力，那么，它们可以借助一些现有的企业培训平台类工具实现数字化训战。在数字化训战中，我们用得比较多的培训工具大致可以分为三类：企业直播平台类、会议平台类、课程平台类。

1. 企业直播平台类

这类平台主要用于课程讲授，对平台的要求主要有稳定、免费、适合课堂讲授、能大规模覆盖等，目前比较常见的APP有天翼视讯、微吼、腾讯直播等。

（1）天翼视讯。

天翼视讯的前身为中国电信的视讯运营中心，一开始承接的是中国电信集团范围内的移动和在线视频业务的运营。经过几年的发展，天翼视讯凭借其特有的商业模式、运营体系以及运营商资源，实现了业务拓展，现已拓展至PC、PAD和互联网电视等领域。天翼视讯提供的视频直播、直播回放等功能能够满足数字化训战线上课堂的授课需求，且其本身自带的电信资源，可以满足大规模覆盖培训人群的需求。

针对单条消息进行回复，或使用快捷表情，减少多条消息刷屏的干扰；支持多语言实时翻译，减少跨国沟通障碍。在视频直播方面，飞书可以一键发起万人会议直播、便捷共享屏幕或文档，使远程协同更加真实高效。在文档协作方面，飞书能够汇集文档、电子表格、思维笔记等多种在线工具，集资源于一处，支持多人实时协同编辑，减少团队沟通障碍，让团队协作更加简便轻松。

（3）天翼云会议。

天翼云会议是中国电信打造的一款视频会议产品，其优势是技术领先，结合了IDC机房与全球云技术，支持IPAD发起会议和共享文件、集成电话语音、集成电话会议。天翼云会议的另一大优势是拥有全终端的支持，保证任何人都可以以任何形式参与到会议中，即使无网络也可保证会议进行。此外，天翼云会议还使用了先进的加密技术，确保登录信息和会议会话的安全性。

3. 课程平台类

课程平台类主要用于课程的制作、上传等，使学员能够获取更多的课程资源，主要有以下三个（如图4-3）。

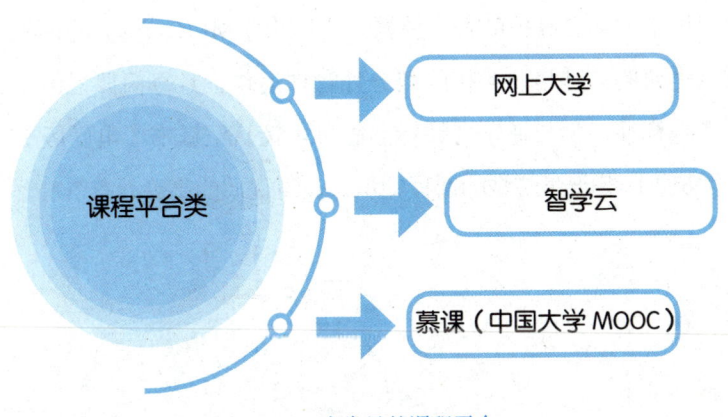

图4-3 三个常见的课程平台

（1）网上大学。

各运营商或单位主体都开通了自己的网上大学，支持内部课程的共享和学习，如中国电信网上大学、中国移动网上大学等。这类网上大学的缺点是一般不对外开放，需要自己搭建学习平台与资源。

（2）智学云。

智学云是一个基于产教融合的线上线下服务平台，支持云课堂、云评测、云实训、云直播、云才库等功能。其中，云课堂支持线上线下同步教学，使视频、教案、实验全面围绕专业课程设计；云评测支持竞技排名、智能推送题目、自动批改、在线问答等功能，同时系统自带的海量题库让评测更加简单科学；云实训中包含大量的企业项目案例，为数字化训战等企业实训提供专业的支持和保障；云直播可用于授课、答疑等；云才库支持线上学习档案，能够链接课堂、评测、视讯系统，帮助学员多维度展现个人能力。

（3）慕课（中国大学MOOC）。

中国大学MOOC是由网易与高等教育出版社联合推出的在线教育平台，目前已与800多所高校达成合作，承接国家精品开放课程任务，向大众提供中国知名高校的各类课程。中国大学MOOC里面的课程大多是优质且免费的，课程由各校的教务处管理运作，且每门课程由授课老师设置考核标准，学员通过考核标准后可申请认证证书（电子版）。在这里，学员可以获得学院派的课程知识，获得优质的高等教育资源。

第二节 实战工具箱：四种进阶运营类工具

学员在实战中，需要借助形式多样的工具完成工作。在这里，我主要介绍四种较有代表性的工具。

1. 社群平台类

社群平台类工具主要依靠社群平台互动的属性，对产品进行运营。这里主要介绍三款常见的社群平台类工具（如图4-4）。

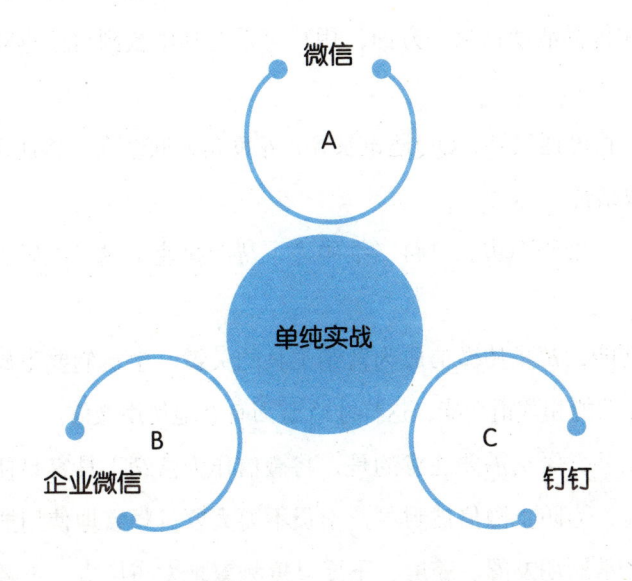

图4-4 三个常见的社群平台

（1）微信。

微信是当下最热门的一种社交工具，除了基础社交外，还被延伸出了许多营销的功能，学员在实战中可以将其当作营销工具使用。

①微信的相关辅助软件。

或许有学员会感到疑惑，自己平时也一直在使用微信，并没有觉得它是一款运营工具，更没有看出它的营销功能，怎么就能将其当作一款运营工具呢？回答这个问题之前，我们要先了解微信的正确打开方式。什么才是微信的正确打开方式呢？答案在微信的辅助软件里，相信一看这些功能，就能明白了。

第一，微信苹果系统多开，这款软件可以让微信有多个"分身"，让用户在多个微信之间来回切换。

第二，互动吧APP，帮助学员链接用户，一方面，学员可以用它创建、管理和传播活动；另一方面，用户可以在其中找到自己喜欢的活动参加。

第三，百度通讯录、QQ通讯录等，帮助备份联系人，将通讯录与即时聊天有效结合。

第四，二维码工坊、草料二维码等，帮助快速生成二维码、制作文字名片等。

这些功能，都是使微信成为营销工具的关键。学员们要正确地结合微信的社交功能和营销功能，这样才能游刃有余地使用微信。

除此以外，学员需要注意的是，将微信作为营销工具容易使微信号被封。因此，为防止微信被封号，学员不要太要过频繁地使用摇一摇功能；不要经常刷朋友圈、霸屏；不要过度频繁地发布广告；不要发布色情、暴力、反动信息。

②微信公众号营销技巧。

除了微信自带的社交功能可以用于营销外，微信公众号也是营销的一个重要阵地。学员在数字化训战中，要充分用好微信公众号这个工具，让自己的产品更多地曝光在目标客户眼前。接下来，将从标题、内容等方面讲授微信公众号的营销技巧。

第一，要用标题抓住客户的眼球。标题很重要，是决定内容的"生死棋"，只有标题引起了客户的注意，他们才会动手往下翻。以下几种起标题的方式可以作为参考。

表4-1 微信公众号文章起标题的方式

序号	标题类型	描述	示例
1	数字型标题	用数字吸引客户的注意力	立即提升业绩10倍的7步销售流程
2	揭秘式标题	用秘密、内幕等引起客户的兴趣	曝微博营销黑暗内幕：百万粉丝90%是僵尸粉
3	疑问型标题	提出一个不符合常理或很多人会遇到的问题，引人好奇去打开	太疯狂：一个班50名学生，30名考上清华，为什么？
4	描述型标题	呈现一个人们关心的事实	东莞规定：出租车不打表将停岗一个月
5	特定群体型标题	标题点明特定的群体，吸引他们来看	淘宝卖家，如果你还在干这些事，就离关店不远了；处女座的12个特征，你"中枪"了吗？
6	沾光型标题	借明星的流量推荐自己的商品	林××不老的秘密（不用看也知道这个秘密肯定跟卖家或卖家的产品有关系）
7	颠覆型标题	颠覆常识、前后剧情反转等	××药没用，吃不吃都是一个星期好

（续表）

序号	标题类型	描述	示例
8	逆向思维标题	用和常识不一样的说法吸引人们的注意力	挥汗如雨未必有益健康；吃一堑未必长一智
9	对称或对偶性标题	—	与其躺平，不如行动
10	故事型标题	用故事要素引起人们的注意	一个山东汉子和他的世纪装饰品牌梦想
11	警告式标题	用警告引起人们的注意	这六种水千万不要喝！
12	解决方案式标题	用解决办法吸引目标群体的注意	一个月瘦身20斤的两种方案
13	建议型标题	—	李开复给大学生的10个建议
14	夸张型标题	通过夸大的方法引人关注，必须"标新立异"	新手入淘3个月，月流水10万，我是这样做到的

第二，要用优质的内容吸引用户。尽管我们将微信公众号作为营销工具使用，但要注意的是，绝大多数的客户在浏览微信公众号的时候，并不是奔着看广告去的。因此，我们在准备微信公众号的内容时，不要通篇都是营销的内容和广告，要将这些内容巧妙地融合进文章中。同时，文章的内容还要优质，这样才能吸引客户的注意力。

优质的内容一定是不枯燥、有意思的，这就要求学员在准备文章内容的时候抓热点，使得文章有娱乐性。除了娱乐性，文章最好还要有专业价值、有深度、有说服力，这样才能使客户信服。但是专业性高又容易使文章变得晦涩，因此学员在准备内容的时候还要做到简单明了不啰嗦，阐述口语化、个性化、生活化。

微信公众号的推文与传统的作文不同，是以吸引客户为主要目的的，文章要求条理清晰，尊重微信用户的阅读习惯，最好分段，多空行，图文并茂，而不要只推送文字或语音消息。我们在写微信公众号文章的时候，要注意用数据说话，经过分析的数据更能体现产品的科学性和权威性，这样才能引爆客户积极性。

（2）企业微信。

企业微信是微信团队专门为企业打造的通信和办公工具，它在保持微信基本功能的基础上，还包含文档、会议、邮件、日程、微盘等效率工具，以及高效的OA应用。同时，企业微信可以全方位连接微信，能够使用户在单聊、群聊、朋友圈、视频号中向客户持续提供多元的服务。企业微信还有"微信客服"的功能，支持为客户提供临时咨询服务。企业微信目前被广泛地应用于零售、教育、政务、制造、餐饮、金融等行业，并且不同的行业有相应的定制方案。

（3）钉钉。

钉钉是阿里巴巴推出的企业智能办公平台，拥有即时沟通、钉钉文档、钉闪会、钉盘、Teambition、OA审批、智能人事、钉工牌、工作台等功能。钉钉开放平台中有SaaS软件，能够帮助企业低成本地、便利地搭建适合自己的数字化应用，同时，企业还可以借助低代码工具，搭建个性化的CRM、ERP、OA、项目管理、进销存等系统。目前钉钉已经开放2 000多个API接口，营造了良好的数字化转型兼容环境。在数字化训战中，学员可以借助钉钉平台帮助企业实现一定的数字化转型。同时，钉钉的社群属性使得学员在其中运营成为可能。

2. 互动教学类

下面主要介绍两款常见的互动教学类工具（如图4-5）。

图 4-5　两个常见的互动教学平台

（1）Teamind。

Teamind是一款支持多人协作的在线白板，在数字化训战的背景下，Teamind白板可以支持"大家一起写写画画、讨论互动"，让训战变得更加高效。Teamind被广泛地运用于协同创作、问题讨论、头脑风暴、复盘、企业内外训、敏捷开发等场景中，使用Teamind的人可以利用图形、涂鸦、便签、文本、图片等元素进行实时表达和互动。此外，Teamind还提供计时器、评论、投票、演讲等功能，使远程讨论更加可视化，促进共识的达成。

（2）优幕UMU。

优幕UMU是一款专门为培训工作者和教育工作者研发的互动学习平台，它包含UMU作业、UMU直播、UMU测评等功能。优幕UMU引入了学习科学和学习技术，致力于让整个学习的流程清晰可见，让学员的学习过程与业务绩效紧密关联，使线上学习真正有效果。其中的UMU直播是互动式直播，是为教学场景量身定制的，讲师和学员只要一部手机即可随时发起和参与；UMU作业将AI技术引入练习过程，使学员能够模拟工作场景来训练，同时对学员的练习提供专业的点评和实时、安全的AI反馈；UMU测评则能够准确地记录员工的关键业务行为，自动为其进行多维度评分，通过精准而持续的测评反馈，促进员工提升。

3. 短视频工具类

下面主要介绍三款常见的短视频工具（如图4-6）。

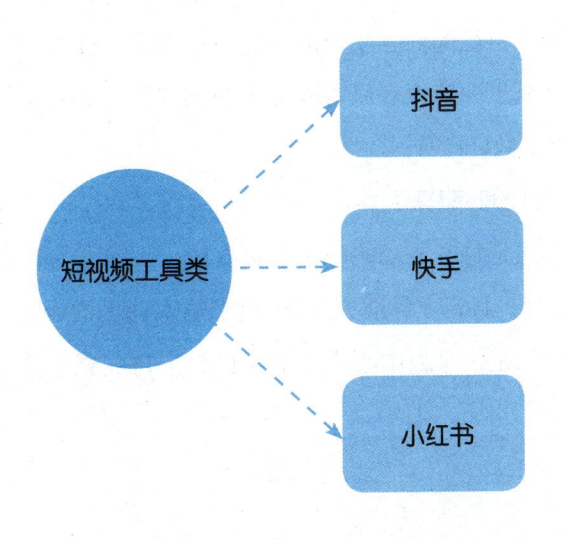

图 4-6　三款常见的短视频平台

（1）抖音。

抖音可以说是当下最火的互联网平台了，据统计，抖音目前的总用户数量已经超过8亿，日活7亿，人均单日使用时长超过2小时，这个数据可能还会继续上涨。这意味着8亿人的生活已经因为抖音发生了巨大的改变。数字化训战在做线上运营时，必须考虑到抖音的重要地位。

①了解抖音的平台本质。

抖音是一个内容为王的平台,不论是从首页的设计还是从短视频的推送规则都可以看出,抖音在一定程度上弱化了发布者的信息,而强化了短视频本身的吸引力。以同样用短视频见长的快手平台做对比,快手就在主页上非常清晰地向用户展示了发布者的信息,它更多展示的是快手的社交功能。

因此,学员在以内容为王的平台开启运营,就要找准自身的内容定位。要想一想,自己的内容生产能力是不是强于一般人,自己的内容生产成本是不是低于一般人。只有以更少的成本产出更多优质的内容,才能在抖音平台上做好运营。

②弄清抖音的匹配算法。

抖音的算法是抖音成功的一大关键内核。正是因为有着强大的算法作为运营的支持,抖音才保证了用户的黏性和长时间的活跃。

抖音的算法是一个去中心化的漏斗机制,它主要分为三个步骤(如图4-7)。

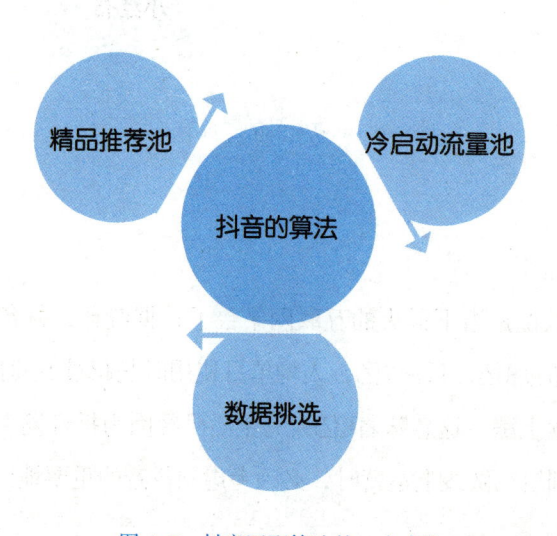

图4-7 抖音匹配算法的三个步骤

第一，冷启动流量池。用过抖音的朋友都知道，不论是怎样的抖音号，刚刚发布的作品都能获得几百甚至几千的播放量，这就是抖音自动为每个作品分配的流量。作品不论好坏，只要审核通过，就会有播放量。

第二，数据挑选。抖音根据这些视频的点赞、评论、转发、关注等数据，从中挑选各项指标超过10%的短视频，对其进行二次流量分配；然后去看这些视频的点赞、评论、转发、关注等数据，再从中挑选，为其分配流量，如此循环往复。一个视频只有经过了上一个流量池的考验，才会进入下一个流量池，获得更多的曝光机会。因此，学员在运营抖音的过程中，要特别注意播放、点赞、评论、关注、转发等数据。可以这样说，抖音的运营归根结底就是这几项指标。

第三，精品推荐池。在经过层层筛选后，只有那些播放完成率、点赞率、评论率都极高的短视频才机会进入精品推荐池。精品推荐池中的那些短视频，就是我们平时打开抖音时都能看到的点赞量几十万以上的短视频。

③用DOU+做抖音的账号定位。

运营抖音和运营微博一样，都要对账号进行一个定位，例如美食类、搞笑类、剧情类、科普类等。只有有了清晰的定位，账号才会获得用户的关注。我们在做抖音定位的时候，还要从企业或团队的实际情况出发。如果实在没有想法，我们不妨用DOU+做抖音的账号定位。

第一，确定账号类型并找到相关达人号。在抖音上选择一个与你的账号类型相关性很强的作品，点击页面右下角的DOU+上热门，选择其中的"达人相似粉丝推荐"中间的"+"号，就会出来达人分类，能看到游戏、动漫、奢侈品、测评等分类。再结合自身的行业和优势，选择适合自己的分类。在确定自己内容定位的情况下，也可以根据这个方法找到与自己内容关联度高的达人账号。

第二，小范围投放DOU+。根据确定的账号类型制作10条左右相关的视频，然后将这些视频中点赞数比较高的几条，用DOU+投放给前面找到的与自己内容关联度高的达人粉丝看，进行精准蹭粉。这时候，我们就能看到视频内容的好坏了，好的内容一定会获得更多的流量扶持。而好的视频也是这个账号今后努力的方向。

第三，持续扩大再生产。通过前面的方法找准视频定位后，不断地调整视频的细节，保持一定的更新频率，当出现爆款内容时，再有计划地投DOU+，一步一步慢慢积累粉丝。不要一开始就将时间和精力花在粉丝上，在视频内容不够理想的情况下，就算转化过来一定量的粉丝，也留不住。

④找到低成本制作视频的方式。

我们以英语教学这个方面的短视频为例，这个方向的内容创作可以分为剧情类、老师讲授类、纯英文动画类、纯粹知识点类、视频剪辑类。从制作成本和难易度上来说，剧情类的短视频是制作成本最高也是最难的，而视频剪辑类是制作成本最低也是相对容易的。因此，在刚进入短视频运营时，我们可以先从难度低、成本低的种类入手。

（2）快手。

快手是一个与抖音类似的短视频平台，用户在注册账号后，可以在平台里上传7~57秒的短视频，与别人分享自己的生活点滴。虽然都是短视频平台，但快手与抖音有很大的不同，所以我们在运营过程中，要看到这两个平台共性的地方，也要注意到它们之间的差别，从而制订一个最适合自己的运营方案。

第一，从平台受众来看，快手的男女比例更加均衡，抖音中女性群体居多，而快手中男女比例更接近中国互联网网民的整体画像，约为54:46。快手的用户群体也更加下沉，以住在三四线及以下的城市的人居多，用户一般在晚上六点到九点较为活跃。

第二，从平台的算法来看，快手的流量分发是基于用户的社交需求和兴趣来的，尽量弱化平台本身的管控。这也意味着，你发布的短视频更有可能被你的粉丝看到。

第三，从曝光机会看，快手更加友好。打开抖音后，我们看到的是一个屏只有一个内容，需要滑动才能看到下一个内容；而打开快手后，我们看到的是一个封面列表，一下能看到五个内容，这意味着，在快手上发布内容，初次的曝光机会提高了五倍。

第四，从视频风格上看，快手的视频内容更加接地气，视频内容以普通人记录日常生活为主，更容易和观众产生共鸣。而抖音的视频更加精致、新潮、有个性。

因此，学员在选择短视频运营平台的时候，需要对自己的产品进行综合分析，选择更适合自己的平台进行推广曝光。

（3）小红书。

小红书正逐渐成为与抖音、快手比肩的短视频平台，它的平台属性与前两者略有不同，是以消费决策入口为定位的。一般人在想要买什么，或者需要买什么却不知道怎么选择的时候，会进小红书逛一逛。这就决定了小红书的用户"持币待购"的比例极大。因此，数字化训战学员如果能利用好小红书这个平台，一定能为自己的产品带来极大的曝光和引流。

①三个流量入口。

无论在哪个平台上运营，我们第一步都要清楚地了解自己的文案将会在哪里被展示，在哪里能吸引到用户，也就是所谓的流量入口。小红书的平台与其他平台略有不同,流量的入口主要有三个部分。

第一,关键词排名。小红书的内部有搜索栏,用户可以在搜索栏中直接搜索想要的内容。一般来说,在小红书中用关键字搜索的用户都是精准的目标用户,他们带着一定的目的而来,争取到他们,就等于争取到高质量的用户。因此关键词排名变得非常重要,成了小红书流量的关键入口,争夺关键词排名成了小红书运营的关键一步。而系统又会从标题中拆解关键词,再将这些关键词对应到人群,做分类推荐。在这种情况下,如何给标题起名就变得非常重要了。在为标题起名时,以下几种可以作为参考。

表4-2 小红书标题参考

序号	类型	描述	示例
1	场景	将产品的使用场景作为标题,引起用户的注意,唤起他们的需求	谁说办公室穿搭很单调?很多集美都说,上班通勤有这一件就够了; 女生约会一次容易吗?希望男生珍惜起来
2	人群	描述用户的群体特征,特征越清晰,越能吸引用户的注意力	新手小白化妆正确步骤,保姆级教程建议; 全肤质学生党平价水乳一览; 进击的小个子!挖地三尺被我发现的小众设计
3	成本	以节约成本和节约时间吸引用户的注意力	七天直角肩速成; 10元美白神器,没钱也能白成一束光
4	效果	呈现产品的效果,这个效果一定是用户所渴望的	微胖显瘦穿搭分享,64款不能错过的显瘦美衣; 矮个子显高显瘦穿搭

（续表）

序号	类型	描述	示例
5	合集	这是目前小红书最火的一种笔记，就是列数字做合集	100家宝藏家居店铺清单；减肥食谱合集，附一周详细三餐

第二，自然展现。这个流量入口指的是小红书发现页展现的内容。自然展现是建立在智能匹配的算法上的，系统会根据用户的属性和习惯，为其匹配可能感兴趣的内容。自然展现这个方面，虽然较为被动，但学员只要根据自己产品的特征做好封面，就能吸引更多的用户点击，获得一定的流量和曝光。封面类型推荐如下表所示。

表4-3 小红书封面类型推荐

序号	类型	描述
1	教程、步骤	将教程和步骤以图片的形式一一呈现，例如，晨间化妆步骤、用品等
2	效果对比	用使用前和使用后的效果图形成强烈的反差对比，吸引用户点击
3	产品合集	将产品制作成合集呈现在封面中
4	整体+细节	多用在穿搭内容的封面中，在呈现整体穿搭效果的基础上，将单品也放置在封面中
5	产品展示	直接在封面中展示产品

第三，相关推荐。小红书的推荐种类较多，大致有机器算法推荐、热门优质内容推荐、延伸推荐、好友关系推荐、附近推荐等。如下表所示。

表 4-4 小红书的推荐类型

序号	类型	描述
1	机器算法推荐	系统根据用户的需求推送相关的内容
2	热门优质内容推荐	小红书里带有"#"的话题是热门话题，可以将热门话题放置在搜索框中以增加曝光度，一篇笔记一般可以打10个#
3	延伸推荐	多出现在笔记的底部，系统会为用户推荐与此篇笔记内容接近的笔记
4	好友关系推荐	首页有个「关注」的Tab，为用户推荐可能认识的人、达人、朋友更新的内容等，是基于社交关系的推荐
5	附近推荐	首页有个「附近」的Tab，为用户推荐附近20km内用户的内容

②打造一篇小红书爆款。

要打造小红书爆款，除了老生常谈的做优质内容外，还要根据平台的特征找准方向。初次接触小红书的学员在运营时，可以从以下几个方面发力。

第一，选一个更容易曝光的话题。小红书中每一篇笔记的发布都不能随心所欲，而要选择对应的话题，每个话题会有对应的指数，都是可以参与关键词排名的。因此我们在选择话题的时候一定要选择一个与自己的内容相关且指数较高的话题。

第二，选择尺寸合适、清晰的图片。在读图时代，图片是与文字同等重要的存在。小红书的笔记同样如此，一般以图文结合为主。小红书图片的全屏显示比例为3:4，因此我们最好选用接近这个比例尺寸的图片。另外，一定要调高自己图片的清晰度，毕竟谁也不想看一堆模糊的图片。

第三，发布一些有争议的、能引起讨论的笔记内容。对于笔记内容来说，枯燥和平铺直叙是最忌讳的。我们可以发一些有争议的内容，引起用户的讨论，从而带动笔记的互动热度。要注意的是，我们千万不要在评论区用激烈的言语与用户对骂，不仅有损形象，还可能会遭到别人的举报。

③完成转化。

不论是涨粉还是打造爆款，都不是运营的最终目的。运营的最终目的，是完成转化。在转化时，可以运用以下几个小技巧。

第一，签名带上QQ邮箱。无数个小红书博主亲自试验后发现，目前在签名里带上QQ邮箱是不会被封号和降权的。在带上QQ邮箱的同时，你还可以将自己的微信号与QQ邮箱绑定，这样，用户就可以根据QQ邮箱找到你了。

第二，在评论中完成转化。我们可以在评论区中引导客户购买，比较有效的方式是用小号评论"这是在哪里买的？""我也想要，请博主私信我"等。但要注意的是，千万不要直接在评论区中留下联系方式，这样可能会使笔记被系统屏蔽。

第三，在私信时导入微信。当有客户私信你时，你可以将做好的带联系方式的图片发给对方，引导对方加微信，直接发字母或数字可能会被系统屏蔽。

④一些推广技巧。

在使用小红书运营时，除了自己深耕内容，我们还可以借一部分别人的力，使用一些推广技巧，达到事半功倍的效果。

第一，与明星KOL合作。小红书上已经有不少明星入驻，KOL的影响力更是不容忽视。因此，我们可以借助明星和KOL的影响力，让自己的产品和品牌在短时间内集中曝光，引导用户深入种草、完成购买等。

第二，与小红书红人合作。相较于明星KOL，小红书红人的领域更加垂直，只要我们选对了红人，就更容易将产品送达特定人群，吸引重要客户。在具体运营时，我们可以根据品牌进行圈层营销，例如，根据自己产品的特点将重点集中在美妆圈、时尚圈等。

第三，与网红合作营销。我们可以在一个时间段内和多名网红合作营销，这样更容易形成现象级的刷屏，从而形成"社交+电商"的闭环。

4. 学习运营类

下面主要介绍三个常见的学习运营工具（如图4-8）。

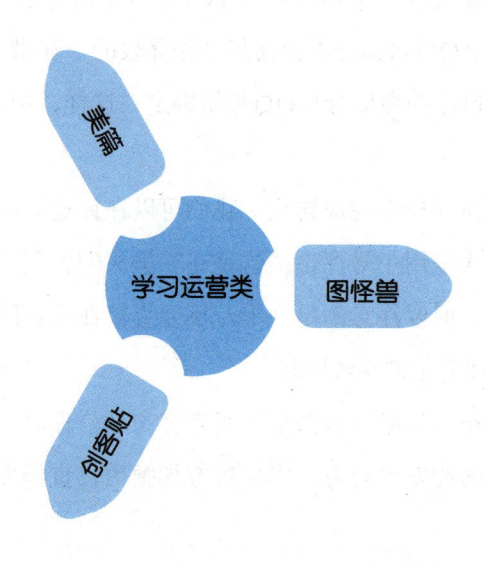

图4-8　三个常见的学习运营工具

（1）图怪兽。

图怪兽是一款在线图片编辑器，对不会用PS的作图新手非常友好，被称为"作图神器"。我们可以将其理解为PS精简版软件，它有微信编辑器功能，还可以在线处理照片、拼图、制作图片、设计等。对平面设计不熟悉的用户，还可以通过这个平台在线挑选模板，通过替换文案、添加标志、拖拽排版等步骤设计图片，非常智能和方便。在数字化训战中，学员可以用其制作运营海报、贴图、易拉宝等工具。

（2）创客贴。

创客贴是一款在线平面设计工具，不需要安装，可以直接在线对图片进行设计编辑，通过简单的拖拉拽和输入文字，就可以获得精美的图片。创客贴本身自带一定数量的海报设计模板，能够帮助设计小白在没有PS基础的情况下快速上手，可以用于名片、邀请函、宣传海报、易拉宝、简历、封面等的制作。

（3）美篇。

美篇的品牌定位为"不惑后"表达自我、结交同好、学习提升的内容社区。这意味着美篇的主要用户群体为年龄40+的人群，在这里，他们可以通过图片、文字、音乐等记录自己的生活，分享自己的感受。美篇主要有以下几个产品功能：图文能够随时修改更新；有商务、亲子、生活、节日等主题背景模板，适用于各种生活场景；一键分享到微博、朋友圈、QQ空间等社交平台；好的作品可以上首页精选，被更多人看到；有赞赏功能，让好作品获得经济回报；有访问统计功能，让文章推广更有针对性；可以设置访问权限，保护内容隐私；可将内容一键导出成PDF等。

第三节　评估工具箱：五类高阶数据类工具

1. 感应层评估工具

很多的训战师在过去的工作经验中，总能遇到这样的情况：即使培训的课程和内容是精心准备的，讲师授课时也激情澎湃，但总有学员在培训中玩手机、睡觉，甚至签到后偷偷离场，参与度很低。这或许与学员对培训的认知有关系，很多学员认为培训是形式主义，与实际工作的匹配度并不高，参加培训纯粹是浪费时间。

然而，在授课时，讲师的课程内容、教学策略已经定型了，很难现场根据学员的实际需求进行改动，尽管学员不配合，也只能硬着头皮按照预先安排好的流程进行讲授。因此，我们要将这些问题前置到课程的设计与开发环节，在设计培训课程的时候，就要解决培训课程的相关性和参与度的问题。也就是说，训战师在培训课堂上讲授的内容必须是与学员的实际工作相关性高的内容，只有课堂上的内容是来源于学员工作实际的、是学员欠缺的内容，他们才会认真投入，积极配合。

为此，训战师可以从这些方面入手来解决问题。第一，引入感应层评估工具，调研学员真实需求，明确哪些内容是与学员的实际工作相关联的，又有哪些是与之匹配的方法策略。第二，将评估工具嵌入培训的全过程，从需求分析到训后强化跟进，每个过程都要灵活运用评估工具。第三，优化评估工具，不仅仅关注学员对课程的满意度，还要了解学员的学习参与度与课程内容的相关性。例如，下面两表是某训战课程优化前和优化后的评估工具，优化后的评估工具在满意度的基础上增加了参与度与相关性。

表 4-5 某训战课程优化前的评估工具

培训班普通评估统计									
评估类型	授课时间	评估内容	授课教师	5星	4星	3星	2星	1星	平均分
课程	×月×日 9:00-10:00	内容名称	讲师姓名						
课程	×月×日 9:00-10:00	内容名称	讲师姓名						
满意度	—	《整体满意度评估》培训班整体满意度	—						
满意度	—	课程设置合理	—						
满意度	—	培训有所收获	—						
满意度	—	内容符合预期	—						
满意度	—	教材容易理解	—						
满意度	—	形式便于掌握	—						

表 4-6　某训战课程优化后的评估工具

培训班普通评估统计									
评估类型	授课时间	评估内容	授课教师	5星	4星	3星	2星	1星	平均分
课程	×月×日 9:00-10:00	内容名称	讲师姓名						
课程	×月×日 9:00-10:00	内容名称	讲师姓名						
满意度	—	《整体满意度评估》培训班整体满意度	—						
满意度	—	课程设置合理	—						
满意度	—	培训有所收获	—						
满意度	—	内容符合预期	—						
满意度	—	教材容易理解	—						
满意度	—	形式便于掌握	—						
参与度	组织方评估								
相关性	组织方评估								

2. 学习层评估工具

下面主要介绍三种常见的学习层评估工具（如图4-9）。

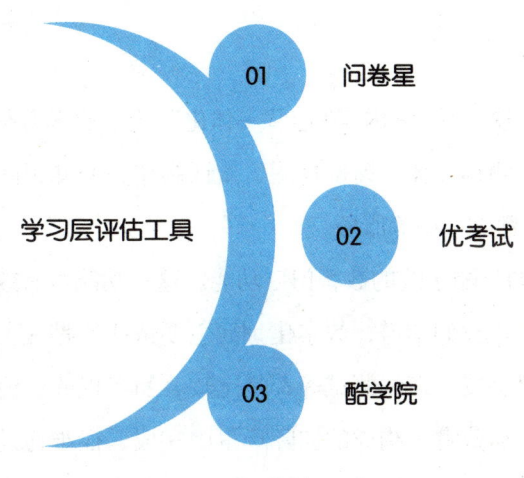

图 4-9　三种常见的学习层评估工具

（1）问卷星。

问卷星是集在线问卷调查、考试、测评、投票等功能于一体的平台，能为用户提供在线问卷设计、数据采集、自定义报表、调查结果分析等服务，被广泛地应用于企业和高校的客户满意度调查、市场调查、学术调研、社会调查、在线投票、趣味测试等活动中。在问卷星中制作问卷，可以分为在线设计问卷、发布问卷并设置属性、发送问卷、查看调查结果、创建自定义报表、下载调查数据等几个步骤。

（2）优考试。

顾名思义，优考试是一款可用于数字化训战的培训考核的在线考试平台，能够提供考核试卷管理、考核题库管理、员工信息管理、培训课程管理、发布培训证书、统计分析等功能。此外，优考试还有霸屏考试、答题过程中禁止复制粘贴、摄像头监考、人脸识别等智能防作弊功能，能够有效地保障学员考核成绩的真实性，这对远程的数字化训战来说尤为重要。

（3）酷学院。

酷学院是一款"平台+内容+运营一体化"的企业学习平台，主要能提供在线学习、测训一体、岗位地图、微课制作、AI知识图谱、数智门店、课程体系、数据中心等服务。

值得一提的是酷学院的数智门店功能。这一功能可有效帮助内训师实现数字化训战。我们知道，数字化训战主要依托的是线上平台。在线上平台中，课程讲授、在线测试等都是比较容易实现的，但训战往往需要在线下门店和消费者等构成的实际场景中完成，很难通过线上平台来实现。而酷学院的数智门店系统能帮助内训师形成"门店智能分析—员工学习提升—工作落地验证"的闭环，利用AI巡店，即远程+现场巡店的模式，使数字化训战成为可能。

3. 行为层评估工具

行为层评估的工具主要用于实战系统。这样的工具应该具备承接数字化实战的功能，不论在设计层面还是在实际使用层面，都要能跟踪到业务动作（如转训开展、活动组织场次、员工参训行为等），从系统层面跟踪评估学员的行为改变，起到监督、强化、调整的作用。例如，中国电信的培推系统就是一个很好的实战系统，主要用于用户的行为层评估中。

4. 成果层评估工具

成果层评估的工具主要用于业务系统的评估，在进行评估时，可以与另外的业务系统如实战系统共用同一个系统。目前，这样的评估工具有很多，对于训战师来说，只要工具能够跟踪到学员在某一周期内实际的业绩变化，便是好的成果层评估工具。实际的业绩变化包括最终业务指标和关键过程指标，其中最终业务指标如销售额的达成，关键过程指标如训战活动开展的场次、培养的合格员工数量等。

5. 数据分析类工具

数据分析类的工具有很多，但大部分的数据分析工具都有一定的门槛，需要经过专业的学习才能掌握。数字化训战的学员在面对运营中的数据时，一方面，可以借助运营软件自带的数据分析功能进行处理；另一方面，也要适当掌握几款基础数据分析软件。这样，学员即使将数据分析的工作外包给别的专业人士，在提需求和要结果的时候，也可以掌握主动权。下面主要介绍五种高阶数据处理工具（如图4-10）。

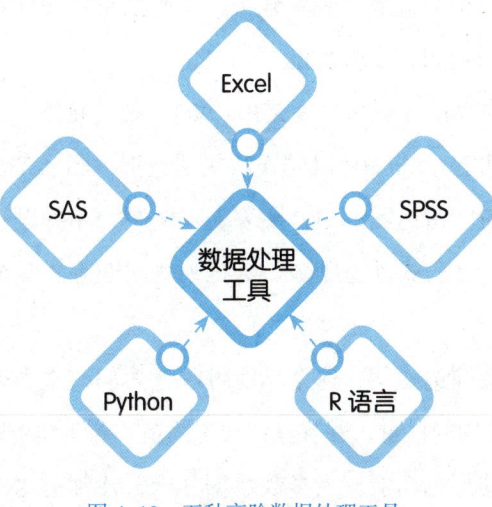

图4-10 五种高阶数据处理工具

（1）Excel。

相信大家都了解也接触过Excel，但大多数人对Excel的使用还处于入门阶段，只是将它作为一个表格工具或者简单的数据处理工具。

实际上，Excel的功能很强大，它可以是数据库、数据处理工具，还可以是可视化工具。Excel可以进行各种类型数据的处理、统计分析来辅助决策，可以制作复杂的报表、系统、模型、应用等，因此被广泛地应用于统计、金融、管理等各个领域。Excel的操作比较简单，新手也能很快掌握要领，制作出自己想要的数据图表。其中，Excel主要有以下几个功能值得大家留意。

第一，数据透视功能。此项功能就是将Excel表中的筛选、排序、分类汇总等操作依次完成并汇总成表格，可以在短时间内将一个数据透视表变为几十个报表。即使是新手，在学习1~2个小时后，也能简单做出想要的报表。

第二，统计分析功能。别看Excel只是一个普通的办公软件，其实它里面自带了很多专业的统计功能，可以帮助完成统计分析工作，其中包括描述性统计、相关系数、概率分布、均值推断、线性和非线性回归、多元回归分析、时间序列等功能。

第三，图表功能。这可以说是Excel的"独门秘籍"，是其他软件难以望其项背的功能。Excel可以制作饼状图、折线图、条形图、对称图、散点图、气泡图、雷达图、组合图表、对比图、子弹图、瀑布图、漏斗图、增维分析图、公式动态图表、数据列变化图等，完成数据的可视化操作。

第四，高级筛选功能。这个功能可以让人们在众多杂乱无章的信息中找出对自己有用的信息，并且操作非常简单，新手也能快速上手。

第五，自动汇总功能。大多数数据分析软件都有这个功能，但相对来说Excel的更加简便灵活。

第六，高级数学计算功能。我们可以根据实际需要，在Excel表格中嵌入公式，一键搞定复杂的算术。

（2）SPSS。

SPSS是一款比较经典的统计分析软件，主要用于统计学分析运算、数据挖掘、预测分析以及决策支持等。SPSS的主要优点有如下几个（如图4-11）。

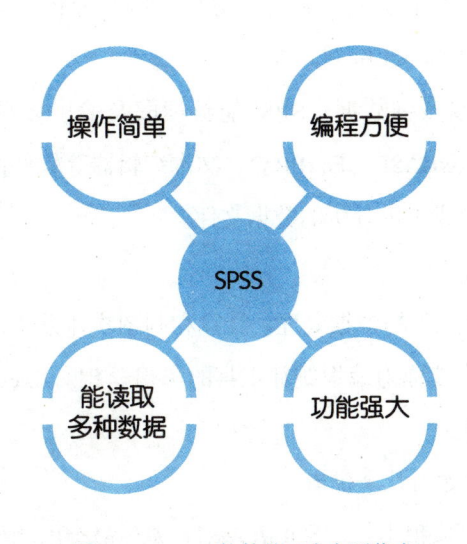

图 4-11 SPSS 软件的四个主要优点

第一，操作简单。这款统计软件和Excel类似，操作界面简单，操作者经过简单的培训就能进行一些基础数据处理。SPSS的界面很友好，除了数据录入等少量输入性工作之外，大部分工作都可以直接通过鼠标拖拽和点击相应的对话框来实现。

第二，编程方便。在使用SPSS时，操作者无须知晓统计方法的各种算法，只要告诉系统要统计什么，就可以得到需要的统计结果。大部分命令语句都是通过对话框的操作来执行的。

第三，功能强大。SPSS具有完整的数据输入、编辑、统计分析、报表、图形制作等功能，自带11类136个函数，包含了数据处理、描述性分析、推断性分析和探索性分析四大模块，能够提供从简单的统计描述到复杂的多因素统计分析的各种统计方法，例如，数据的探索性分析、列联表分析、统计描述、二维相关、偏相关、秩相关、方差分析、多元回归、非参数检验、生存分析、协方差分析、因子分析、判别分析、聚类分析、非线性回归、Logistic回归等。

第四，能读取多种数据。SPSS能够读取及输出多种格式的文件，Excel、dBASE、FoxBASE、FoxPRO、文本编辑器等软件产生的文件等均可导入SPSS，转换成可供分析的数据文件。

（3）R语言。

R语言是一套完整的数据处理、计算和制图软件系统，集数据统计与图形显示于一体，被称为编程统计工具的鼻祖。相对Excel和SPSS来说，R语言更复杂一些。

R语言主要有如下几个优点。

第一，免费，体积小。这是R语言相对来说最突出的优点了，在大多数软件都收费的情况下，R语言做到了免费。另外，R语言的安装程序只有50MB左右，运行起来给系统带来的负担非常小。

第二，编程语言简单易学。R语言的编程语言在保留程序设计语言的基础逻辑上，加进了自然语言，使得初学者更容易学会。虽然R语言的编程语言较为简单，但仍然具有简便而强大的能力，可以操纵数据的输入和输出，实现分支、循环以及其他自定义功能。

第三，优秀的统计制图功能。R语言可以灵活做出漂亮的图表，在数据可视化中应用广泛。这是因为R语言允许在"语言上计算"（Computing On The Language），这使得它可以直接将表达式作为函数的输入参数，而这种做法非常有利于统计模拟和绘图。R语言可以做出散点图、线形图、柱状图、直方图、密度图、箱线图、分组图等图表。

第四，数据存储和处理系统。与其说R语言是一个统计软件，还不如说R语言是一个数学计算的环境，因为R语言能提供若干种统计程序，使用者只需要根据指定数据库和若干参数便可进行统计分析。

（4）Python。

这是目前最火的编程语言，越来越多的人选择学习和使用Python，它的优点主要在于语法简洁、生态强大、应用"无所不能"，这些优点使得它霸占了数据分析的半壁江山。数字化训战的学员不一定能在短时间内学会Python，但了解Python的特点则可以在需要的时候，更好地与相关人员对接。以下是Python的主要优势。

第一，代码开源、兼容性强。Python是 FLOSS(自由/开放源码软件)之一，这意味着你可以自由地发布这个软件的复件，阅读或改动它的源代码，并将源代码的一部分用于新的软件中。这也使得Python能够被移植到许多新的平台上，能够兼容很多平台，因此使用者不会遇到不会使用其他语言的困扰。

第二，用途广泛、代码简单。Python几乎可以适用于任何开发工作，如建立网站、桌面应用开发、复杂计算系统、自动化脚本、科学计算、游戏设计、物联网、机器学习、自然语言处理等。代码相对简单，即使是没有任何开发经验的人，也能看懂Python的代码，因此Python的后期维护成本也更低。

第三，学习容易。Python代码简单，因此学习起来也更加容易，而且容错率相对较高，在不破坏代码的前提下，允许使用者犯一些小错。

对于数字化训战的学员来说，Python的学习成本更低。

（5）SAS。

SAS与SPSS一样，也是一款非常经典的数据分析软件，能够将数据存取、管理、分析和展现等有机地融为一体。SAS主要有以下优点。

第一，功能强大，统计方法又全又新。SAS提供了从基本统计数的计算到各种试验设计的方差分析、相关回归分析以及多变数分析的多种统计分析功能，几乎囊括了所有最新分析方法，其分析技术先进可靠。SAS的分析方法通过过程调用来实现，许多过程同时提供了多种算法和选项。

第二，使用简便，操作灵活。SAS的工作原理是以一个通用的数据（DATA）步产生数据集，然后通过不同的过程调用来完成各种数据分析。SAS的编程语言简洁且短小，能够用很短的几句语句完成一些复杂的运算。SAS的统计术语比较规范，只要有基本的英语和统计基础便可读懂。操作SAS时，操作者只需要告诉它"做什么"，而不用告诉它"怎么做"。同时，SAS的设计使得SAS较为智能化，能够自动修正一些小的错误，它的严谨和准确极大地方便了使用者。

第三，提供联机帮助功能。使用者如果在使用过程中需要帮助，按下功能键F1便可获得帮助信息，得到简明的操作指导。

第五章 数字化流程

第一节 互联网社交裂变

移动互联网的发展经历了多个时代，外部环境一直在不断地变化。越来越多的企业和个人在新形态的互联网中发现了商机。互联网中"卖货"的人铺天盖地，而"卖货"的人越多，"买货"的人就变得越珍贵。因此，互联网中流量的获取变得越来越难，成本也越来越高。

社群经济的发展给以社群为中心的流量获取提供了方式和途径。熟悉互联网运营的人们对社交裂变这个词一定不陌生，它是互联网营销领域的一个关键节点。社交裂变使移动互联网获取和激活用户的成本降低，成了商家运营的秘密渠道。

1. 什么是社交裂变

社交裂变指的是通过向种子客户播撒"诱饵"的方式，吸引客户进社群，再通过社群中自动设置的提醒话术，促使这些成员转发"诱饵"，驱动成员的社交圈，再次吸引新的成员进群的一种高效的用户增长方式。

我们可以看出，社交裂变的核心是利益驱动，也就是那个"诱饵"。在一般的社交裂变中，"诱饵"是一张充满吸引力的海报，要突出显示其中的利益，还要设计美观、富有创意。种子用户是社交裂变的启动人群，因此最好是精准度高、覆盖面广的KOL。裂变工具一般要求稳定性高、安全性强，能够辅助高效裂变，还要有一定的自动化功能，目前使用较多的裂变工具有微信等。

一般来说，通过社交裂变获取客户的方式灵活性强、信任度高、效果好、安全性强，同时也能规避平台的诱导分享机制，因此成了众多商家的选择。

2. 社交裂变的几个发展阶段

社交裂变的出现与移动互联网的发展与普及息息相关，到如今，社交裂变一共经历了三个重要的发展阶段（如图5-1）。

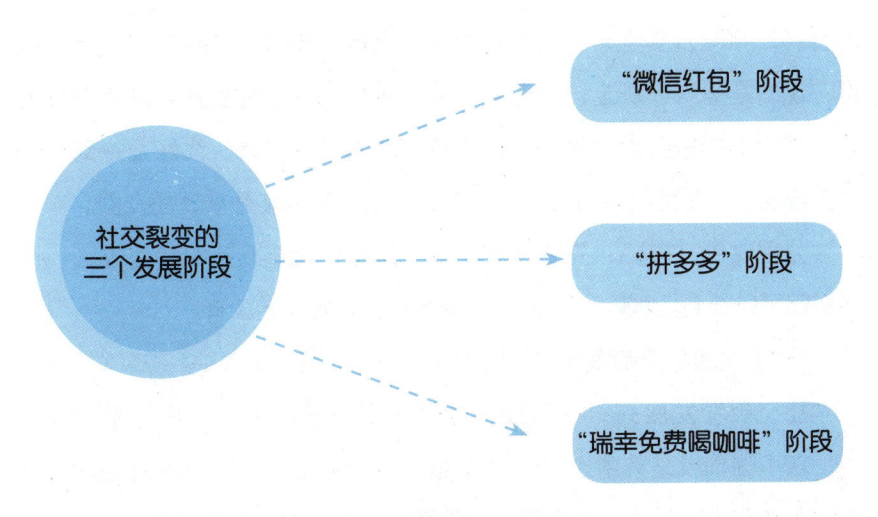

图 5-1　社交裂变的三个发展阶段

（1）"微信红包"阶段。

2014年1月，微信红包横空出世，带领着微信支付一飞冲天，瞬间击垮了支付宝用l几年时间构建的护城墙，让微信支付成为与支付宝比肩的互联网支付工具。这时候人们才发现，基于社交的裂变能量如此巨大，而这种社交裂变的尝试，也为想要复制这种成功的企业提供了模板。随后，社交裂变迎来了真正的爆发。支付宝在此后的时间里，也发起了"集五福"的活动，每个集齐五福的用户都能参与5亿现金的瓜分。这个活动让不少参与集五福的用户，在缺少某个福时向朋友讨要。支付宝的集五福成了又一个基于社交的裂变活动。

（2）"拼多多"阶段。

拼多多是社交裂变始终无法避开的一个品牌。不论你是否是拼多多的用户，你总能在朋友圈中被你的同学、朋友、亲戚邀请"砍一刀"。如果下载了拼多多的客户端，你能在首页的导航栏中看到各种引导注册的套路，如助力享免单、砍价免费拿、帮帮免费团、签到领现金等。值得一说的是签到领现金，当你满心欢喜地以为只要签到就可以获取现金时，页面上却蹦出了"分享后即可获得现金，每邀请一位好友签到，额外再得现金（每份最高15元）"的消息，引导你将其分享到朋友圈。

分享砍价、拼团、签到领现金……只要是你能想到的裂变方式，拼多多就可以做到。可以说，拼多多是社交裂变的集大成者。

（3）"瑞幸免费喝咖啡"阶段。

社交裂变发展到第三阶段，开始吸引越来越多的传统行业加入其中，瑞幸咖啡就是其中之一。瑞幸咖啡充分利用了社交裂变的原理，让它的咖啡链接不断地在用户朋友间传播，一个典型的场景就是，A用户在朋友圈分享免费得咖啡的链接，B用户点击此链接，填写手机号后，两个用户可以各得一杯咖啡。很多人冲着免费得咖啡的诱惑分享了链接，造成了病毒式的传播。

3. 从社交裂变到病毒式营销

我们不难发现，社交裂变的"玩法"是类似的，步骤通常有以下几步（如图5-2）。

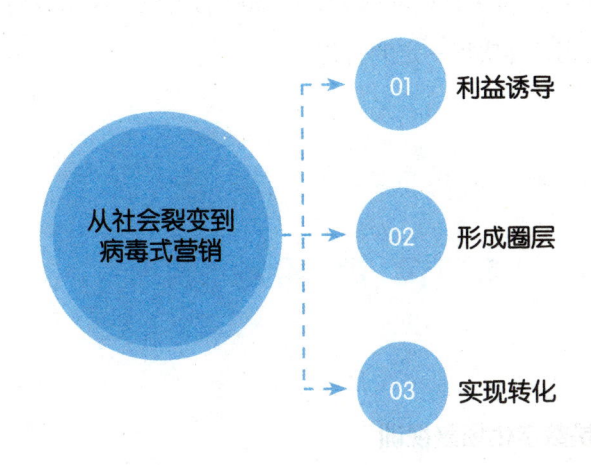

图 5-2　社交裂变的三个步骤

（1）利益诱导。

利益诱导通常有转发送资料、送现金券、和朋友一起分钱等。很多用户即使一开始并没有购买的打算，或者对这个产品没有太大的需求，也会在利益的驱使下转发信息。值得注意的是，这个设置的利益一般是利人利己的，朋友获得优惠的同时，用户自己也能获得优惠，这样就能吸引人们大量转发，实现病毒式扩散。

（2）形成圈层。

形成圈层指的是参与社交裂变的这些人，在小范围内形成了一个圈层。在这个圈层中，用户群体或者有共同的利益可以分享，如在社群中一起领学习资料；或者有共同的话题可以谈论，如讨论如何集到五福等。圈层的形成是社交裂变的关键一步，也是实现转化的前奏。

（3）实现转化。

实现转化是社交裂变的最终目的，这些圈层中的用户便是精选的目标用户。接下来，商家就可以根据自己品牌的定位、需求等对目标用户进行相应的营销，并实现一定的转化。

第二节　数字化场景视训

1. 什么是数字化场景视训

在了解数字化场景视训之前，我们首先要明白这个名词包含的数字化场景和场景化视训的意思。了解了这两者的意思，数字化场景视训的意思也就清晰明了了。

（1）什么是场景。

在如今的商业领域中，场景一词不断被人使用，如消费场景、场景化学习、场景化培训等。那场景一词究竟是什么意思呢？接下来，我们将从来源、构成要素、特点三方面对场景做出解释。

第一，场景一词从影视中来，是电影剧本中基本的构成单位，具体是指在特定的时空范围内人物关系构成的画面，或通过人物行动来表现的具体情节。应用到商业中，我们可以看一个这样的例子，当你去商场购买精油时，面对种类繁多、功能各异的产品，你并不知道如何做出选择。这时候，一个导购告诉你，春秋换季的时候孩子容易感冒，如果你的孩子不小心着凉了，就可以使用这款精油，涂在背部，帮助孩子预防早期的感冒，这样你就不用跑医院挂吊瓶。如果你是一位宝妈，可能就会产生强烈的购买意愿。因为导购描述的场景和你在真实生活中遇到的太相似了，这让你瞬间自我代入，产生了购买的意愿。这就是场景在营销中的作用。

第二，场景由五要素构成，即时间、空间、人物、事件或任务、过程。时间指的是一个特定的时间段，如早上起床的时候、中午休息的时间、下午工作的时间等。空间是完成任务所处的物理环境，它与一个简单的地名不同，还包括了当时空间中的陈设、光线、温度、气味、颜色等各种要素，如夏日的海边、秋日的森林、冬季的湖面等。人物是场景中完成任务所涉及的所有人，对于商业场景来说，人物多以客户为主。事件或任务，即人物在场景中要完成的挑战。过程，即人物完成事件或任务的整个过程。

第三，场景的特点主要有三个。其一，场景是一种连接方式。在商业中，场景直接连接用户的需求。其二，场景是一种互动方式。场景能帮助人物完成互动，例如，管理者和员工的谈话就是在一个场景中完成的，场景成了他们的互动方式。其三，场景是以人为中心的体验方式。场景的完成高度依赖于人，如果没有人的行为和动作，场景就不成立。

（2）训战为什么要场景化。

我们知道，在商业行为中，运用场景进行营销能最大限度地激发消费者的购买意愿。那么在训战中引入场景化，也能更大程度地使学员身临其境，直面工作中的痛苦瞬间，从而产生强烈的学习欲望。

课程内容与实际工作的割裂，是如今的培训或训战所面临的最大的问题。"知道"和"做到"之间有着巨大的鸿沟，很多学员在接受培训后，都觉得讲师讲得非常好，但到了自己的具体工作中，却不知道如何去运用。这就是大家常说的"回去消化一下"。

然而学员回去以后真的能消化并运用吗？答案是否定的，如果长时间找不到能够应用这些知识的场景，大部分学员就会渐渐地忘记知识。

而如果我们在培训中为学员呈现与工作高度相关的场景，这些场景就会直接触发学员对相关工作画面的回忆，使学员自我代入，并进行深入的思考。这样，学员之后在实际的工作中真的遇到相似的问题时，就会依据培训的知识点寻找问题的答案。

总的来说，训战场景化的重要意义在于，第一，能够引起学员的兴趣，使学员自我代入，产生共鸣；第二，能够让学员轻松建立课程与工作之间的关系，真正做到学以致用。

（3）如何设计场景化训战。

场景化的训战，就是要在训战中再现学员在工作中遇到的问题场景，针对相应的问题场景提供解决方案，并引导学员学以致用。因此，讲师在设计场景化训战时，可以依据以下五个步骤进行。

第一，列举场景。讲师对学员在工作中可能遇到的场景进行梳理，在梳理的过程中，注意抓大放小，找到核心的场景。然后，讲师对这个场景下学员的主要行为进行细化、梳理、分类，具体可以使用5W2H的方法进行。5W2H分析法用5个W开头和2个H开头的英文单词向人们发问，进而发现解决问题的线索和思路。这些单词分别是What（什么）、Why（为什么）、When（什么时候）、Where（哪里）、Who（谁）、How（怎么）、How much（多少）。例如，由于每个月的流量总是超额（Why），小张（Who）在下班（When）的路上（Where）进了一家营业厅（How），办理了9元（How much）的流量套餐包（What）。

第二，通过场景挖掘机会点和痛点。在对场景进行描述和列举后，讲师就可以对细化的场景进行分析和判断，并找到其中的机会点和痛点。发掘机会点和痛点一般有两种方式。其一是基于当前的场景直接寻找机会点和痛点，这种方式的好处是简单、直接。其二是结合前后的场景，对学员的行为进行预判，从而发掘机会点和痛点，这种方式一般应用于较为复杂的工作场景中，其好处是考虑周到，机会点和痛点更具代表性。

第三，设计策略。在分析场景、发掘机会点和痛点后，讲师便可以结合学员在这个场景中的机会点和痛点为学员设计解决问题的策略。常见的策略设计方式有RFM模型、卡诺模型、用户体验地图、AIDA模型、福格行为模型、海盗AARRR模型等。

第四，效果验证。在策略设计完成后，讲师要对实际效果进行验证，验证这个策略是否真实可行。这就要求讲师不能只是纸上谈兵，而是要进入学员的真实工作环境，面对他们可能面对的问题，并解决他们的问题。

（4）基于数字化的场景视训。

在了解了以上的概念后，数字化场景视训的概念就呼之欲出了。是的，正如标题所言，数字化场景视训就是基于数字化技术的场景训战，就是将真实的场景化训战，通过数字化的手段移动到互联网客户端，让学员以视训的方式进行场景化培训。

2. 数字化应用场景

当前，数字化的应用场景已经渗透到各个行业的方方面面，市政、企业、文旅、商业综合体等都有数字化应用场景的需求。这些应用场景是对传统场景的颠覆性改革升级，为所有的用户提供了全新的体验。数字化应用场景的种类很多，在这里简单列举几种，可以作为训战师对学员视训时的参考（如图5-3）。

数字化应用场景
- VR+数字化展厅
- 数字化场景漫游
- 数字化产品营销
- 数字化增值服务
- 数字化办公服务

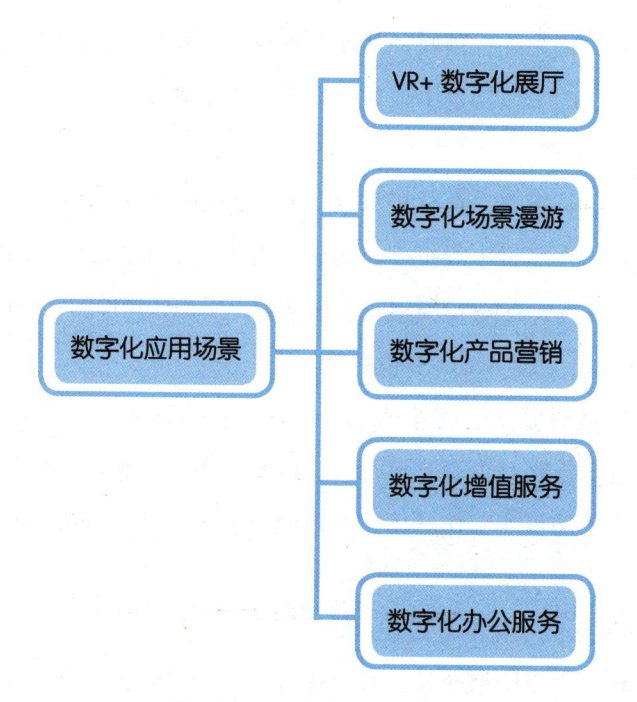

图 5-3 五种数字化应用场景

（1）VR+数字化展厅。

数字化展厅链接视频、音频、文字、图片等内容，再利用VR技术进行场景展示，就可以720°无死角为客户呈现企业、城市、产品的全景。这种功能多用于立体场景展示中，如让学员快速地了解某一个城市或某一个门店。

（2）数字化场景漫游。

数字化场景漫游可以实现1对1或者1对多的远程在线讲解和观看，这样就使得场景画面和语音介绍同步完成，增加场景漫游的真实感，让客户身临其境。例如，某二手房售卖平台就开发了相关的数字化场景漫游功能，可以使客户足不出户，直接在线上由销售人员带领看房，减少时间和人力的成本。

（3）数字化产品营销。

数字化场景为产品营销服务赋能，商家可以利用AI数据追踪、AI数据画像等技术对客户进行精准画像，从而实现精准营销。此外，分销、考核、管理等都可借数字化场景实现。

（4）数字化增值服务。

数字化应用场景的使用还体现在增值服务方面，远程招商、远程培训、远程带看、远程获客、企业在线认证、实时在线客服、AI智能名片等都可以依托数字化场景实现。

（5）数字化办公服务。

受疫情的影响，很多人已经体验过数字化办公服务了，依托于数字化场景，网络办公、协同办公、视频会议等都可以实现，提高办公的效率，从而减少如疫情之类的不可抗力对办公的影响。

第三节　数字化实地赋能

数字化实地赋能就是利用数字化的强大网络结构和知识系统，深挖用户需求，探索多元场景，帮助企业摆脱传统发展模式的桎梏。对企业进行数字化赋能可以从技术、生态、市场、人才等几个方面入手。

1. 技术赋能

数字化的技术赋能指的是，利用信息技术帮助企业实现技术和业务能力的大幅提升，从无到有、从弱到强。这一过程中的关键技术有大数据、物联网、云计算、人工智能等。

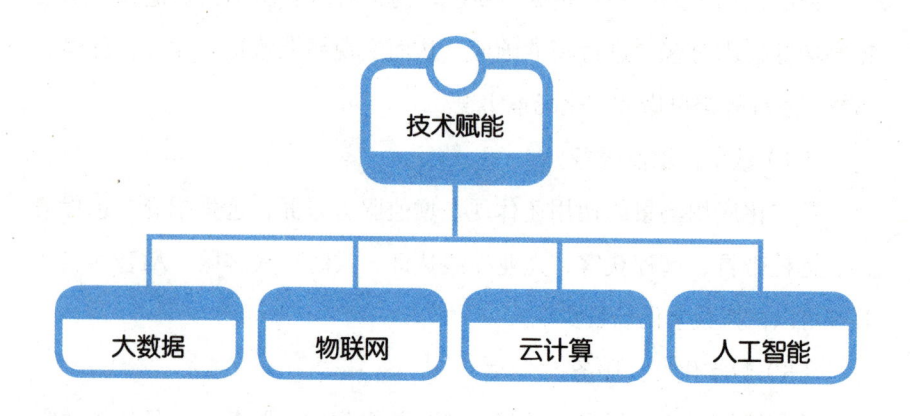

图 5-4 数字化技术赋能的四个关键技术

（1）大数据。

大数据是大家耳熟能详的一个词，指的是无法在短时间内用常规软件捕捉、处理和管理的巨量数据的集合，它需要全新的处理模式。而对大数据的处理能增强我们的决策力、洞察力和执行力。

大数据具有"4V"特征，即Volume（大量），大数据是体量巨大的，其计量单位一般是P（约1 000个T）、E（约100万个T）或Z（约10亿个T）；Variety（多样），大数据的数据种类繁多，不论是传统的音频、视频、文字、图片等结构化数据，还是用户行为这种非结构化数据，都属于大数据；Velocity（高速），处理大数据时，速度是非常快的，这种高速性和高时效性也是大数据挖掘与传统数据挖掘最显著的区分点；Value（价值），这说的是大数据的价值密度低，虽然大数据无处不在，但是其信息价值密度较低，需要运用强大的算法对其进行价值提纯。

（2）物联网。

物联网指的是将所有物体都利用传感器连接起来，使它们可以直接进行数据通信，让万物都成为网络的一部分。物联网可以使我们的世界变得更加智能和灵敏，使数字世界和物理世界融为一体。几乎所有的物体都可以转化成物联网设备进行数据的收集，例如，能用智能手机控制的空调就是一个简单的物联网设备。

对于企业来说，物联网的好处在于能够帮助企业获得更多关于产品和系统内部的数据，从而使企业本身获得更强的变革能力。例如，某制造商可以为他们的产品添加传感器，这样，他们就可以实时获得这个产品的使用数据，当发现这个产品可能发生故障时，他们就可以在损坏之前及时通知客户更换。

（3）云计算。

关于什么是云计算，中国云计算专家咨询委员会秘书长刘鹏教授曾做出过长短不同的两种定义，其中长定义为"云计算是一种商业计算模型。它将计算机任务分布在大量计算机构成的资源池上，使各种应用系统能够根据需要获取计算能力、存储空间和信息服务"；短定义为"云计算是通过网络按需提供可动态伸缩的廉价计算服务"。

云计算平台相当于整合了所有的软硬件资源，再通过网络为客户提供相应的服务，这种服务不受地点和客户端的限制，具有超大规模、虚拟化、按需分配服务、广泛网络访问、高可靠性、多租户资源池、服务可以度量、可动态伸缩、成本极低等特点。

在具体的使用过程中，云计算有其优势和劣势，其中，优势表现为提高资源利用率、提升效率、降低硬件成本及其维护成本、降低软件成本及软件维护成本、降低管理成本；劣势主要有严重依赖互联网、功能相对有限、速度相对慢、数据不够安全、系统兼容性差等。

（4）人工智能。

人工智能之父 John Maccarthy 是这样解释人工智能的：人工智能就是制造智能的机器，更特指制作人工智能的程序。人工智能通过模仿人类的思考方式使计算机能智能地思考问题，人工智能研究人类大脑的思考、学习和工作方式，然后将研究结果作为开发智能软件和系统的基础。

人工智能的主要技术是大数据基础上的深度学习。根据学习程度的不同，人工智能可以被分成弱人工智能、强人工智能和超人工智能。其中，弱人工智能是只擅长某个单一领域的人工智能，如Alpha Go其实就是一个只会下围棋的弱人工智能；强人工智能是能胜任人类所有工作的人工智能，具备使用策略、解决问题、规划、深度学习、交流沟通等能力；超人工智能指的是随着计算机程序的不断发展，最终进化出的比人类还要聪明的、更具天赋的人工智能，目前关于超人工智能的解释还比较少，一般认为是强人工智能的进阶版和高级形态。

2. 生态赋能

企业和生物一样，无法单独生存，需要依托于生态系统而存在，并且与生态环境相互作用、相互影响。这种直接或者间接地依赖别的组织或者企业所形成的有规律的结合体，被称为经济共同体。这个经济共同体和整个社会经济环境构成了企业的外部环境。企业与其外部环境，通过信息、能量等的交换，共同构成一个相互作用、相互依赖、共同发展的整体。企业的外部环境，也被称为企业的生态。

在数字化时代，企业的生态发生了极大的改变，企业必须要升级，将自己升级为数字化企业，这样才能在竞争日益激烈的数字化时代中生存下去，在新的企业生态中找到自己的位置。数字化本身是这样为企业的生态赋能的（如图5-5）。

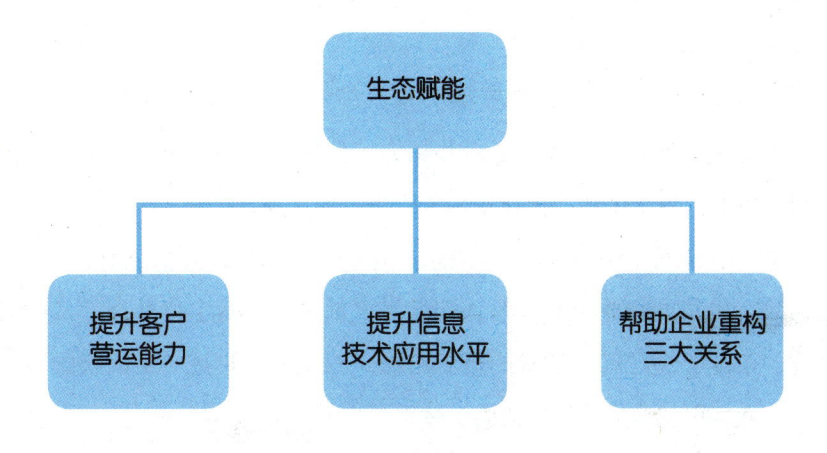

```
         ┌──────────┐
         │ 生态赋能 │
         └────┬─────┘
    ┌─────────┼─────────┐
┌───┴───┐ ┌───┴───┐ ┌───┴────┐
│提升客户│ │提升信息│ │帮助企业重构│
│营运能力│ │技术应用水平│ │三大关系│
└───────┘ └───────┘ └────────┘
```

图 5-5　数字化生态赋能的三个路径

（1）提升客户营运能力。

在以往的消费场景中，客户与企业往往是"一锤子买卖"，买卖成交后很少再有联系。然而，数字化却让企业与客户持续连接起来。借助各种数字化平台，企业能够与客户达成很好的沟通与交流，客户的个性化需求也在沟通和交流中不断显现，最终被满足。处于数字化浪潮中的企业，不得不重视与客户之间的关系，尽力提升自身的客户营运能力。如今，最优秀的企业，是那些在产品创新和客户运营中做得最成功的企业。

（2）提升信息技术应用水平。

我们可以发现，在数字化浪潮中，不论是民营企业、国有企业，还是事业单位、政府机关，其信息技术的应用水平都得到了极大的提高。除了流程优化和办公方式的转变，数字化对企业生态的改变还体现在商业创新和管理变革上。在商业创新方面，数字化改变了企业与用户之间的协同关系；在管理变革方面，数字化转变了企业的管理思路。

（3）帮助企业重构三大关系。

在数字化时代，盲目的资源扩张已经成为过去，企业要想做强做大，企业家需要花费更多的心思和精力，要实现更多的机制创新。而在机制创新中，数字化帮助企业重构了以下三大关系。

第一，重构企业与客户的关系。这一点在前面的内容已经有所提及，数字化帮助企业对客户的认知和需求都进行了数字化处理，从而搭建起一个能够满足客户需求的自驱组织，围绕客户形成一个网状的服务生态，为客户创造灵活的价值服务体系。

第二，重构企业与员工的关系。数字化让员工的机会更加透明，每位员工都知道自己的奋斗目标以及未来的机会在哪里；同时数字化让每个员工都有自己的标签，这个标签不断变化，通过数字化标签，企业可以对员工有更深入的了解，将其匹配到更合适的岗位中。

第三，重构企业内上下级的关系。数字化赋能的生态环境，打破了企业原来的部门化管理模式。员工以能力为核心组成了不同的能力群，根据客户的需求，这些员工可以随时打散组织成自驱组织，为客户提供服务。这种基于员工能力的资源配置，使企业由智能化向赋能化转变，重构了企业内的上下级之间的关系。

3.市场赋能

数字化为市场赋能，指的是数字化能够帮助更多企业发现和挖掘新的市场空间和商业机会，推进其市场化进程，让更多的企业受惠于数字技术。数字化为市场赋能主要体现在以下几个方面（如图5-6）。

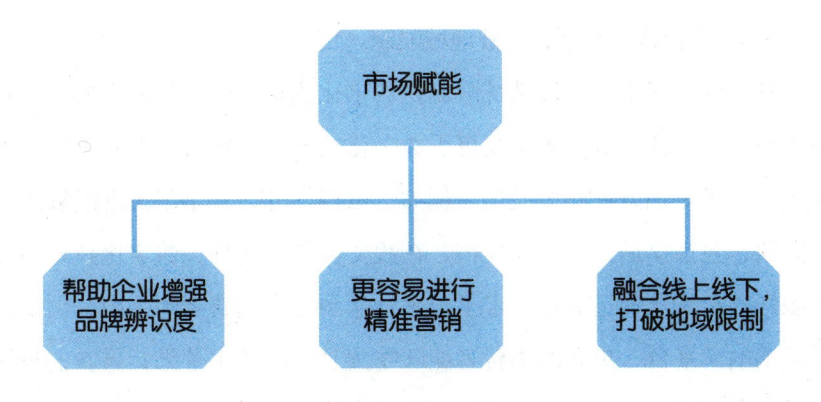

图 5-6　数字化市场赋能的三个方面

（1）帮助企业增强品牌辨识度。

在以往的市场中，一个企业想要营销自己的品牌，往往需要大量的资金支持，对于中小企业来说，在品牌上投入大量资金并获得规模效应是不敢想的事情。然而，得益于数字化的营销策略，一些中小企业能够在有限的预算内做最好的品牌营销，增加自己品牌的辨识度，让产品触达更多的用户。例如，常见的搜索引擎优化和自媒体广告投放，就能帮助更多企业提升品牌辨识度，收获忠实用户。

（2）更容易进行精准营销。

在数字化介入营销之前，大多数企业只能通过大面积投放广告的方式进行营销，比较"笨"，不一定能精准触达目标用户。而数字化能够帮助企业更容易地进行精准的消费者大数据分析，了解自身产品品类的用户特征，将广告精准地推送给相应的用户，同时还能帮助企业开拓新的用户市场。

（3）融合线上线下，打破地域限制。

融合线上线下，打破地域限制是数字化为市场赋予的最大的能量。生活在当今社会，每个人都受惠于数字化技术，生活方式得到了极大的改变，变得更加方便和多元化。例如，出门在外，一个手机就能解决所有问题，包括交通、支付、住宿、在线交流等。另外，数字化技术还让更多好的产品从偏远的地方走了出来，送到更多消费者的手中，例如，得益于电商平台，更多的消费者能够吃到甘肃的花牛苹果，果农们也挣到了更多的钱。数字化正是通过这种融合线上线下的方式，打破了地缘的限制，促进了地区间、城乡间的市场一体化发展。

4. 人才赋能

人才赋能指的是通过培养数字化人才的方式为企业赋能。当下，受人才短缺的影响，许多企业的数字化进程很慢，发展受限。特别是一些经济基础薄弱、教育资源不平衡的地方，这一问题尤其突出。而大量具备数字化知识和技能的人才的培养，为这些企业的发展积蓄了力量。同时，数字化技术的提高，使得数字化培训、数字化训战等在线培训领域得到了极大的发展，也为企业的人才培养提供了一种可能，即企业可以通过为员工购买在线培训课程的方式培养员工，加快企业自身的发展，从而在市场中占据一席之地。

第三篇 实战篇

第六章 短视频直播带货实战案例

根据《2020中国网络视听发展研究报告》显示，截至2020年6月，我国短视频用户规模已达到8.18亿,占整体网民数量的87%。2020年，突如其来的疫情改变了人们原来的生活方式，随着抖音、快手、微视等短视频平台的兴起，越来越多的用户涌入了短视频平台。哪里有流量，哪里就有商机。越来越多的公司和个人开始在各类短视频平台中进行品牌和产品的推广，短视频直播带货也应运而生。严格来说，短视频直播带货应该分为短视频带货和直播带货两大类，接下来，分别通过短视频创作和直播带货两个案例分享，带领各位读者了解短视频直播带货实战内容。

第一节　短视频创作分享

大家平时在拍摄短视频的过程中，应该也遇到过同样的困扰。那就是如何将我们自身的业务，包括特点、卖点、优势，巧妙地融入短视频的剧情当中？

首先我们需要知道短视频以及短视频的传播的关键点是什么？

第一，要短。目前的短视频市场已经非常成熟，已经有非常多的优秀创作者出现，我们并不是专业的剧本编写和视频制作团队，所以我们的作品更应该短小精悍，在最短的时间内呈现出我们想要表达的内容。

第二，要有趣。虽然我们也有相对强大的渠道扩散途径，但面对上亿的公域流量，我们自己的力量是杯水车薪的，所以，有趣才是第一传播动力。

接下来，为大家提供三个锦囊，帮助大家提升短视频创作能力。

锦囊一：文案为王，提炼产品卖点的万能公式。

我们要明白我们的这个视频是要给谁看的，是不是只有他们对我们的内容感兴趣呢？如何去根据用户属性来细分场景呢？这里有一个方法分享给大家——场景扩展法，是在明确目标用户后，围绕目标用户关注的话题，迅速找到更多内容方向的方法。有了细分场景，再来分析我们业务的特点并与各种场景相结合（如图6-1）。

例如5G三千兆，最大的特点是什么呢？就是速度快、信号强、覆盖广。那我们就需要想一下，还有哪些事情是具备这些特点的？例如"双十一"给女朋友抢秒杀商品、办公室上传文件快慢对比、孩子上网课不卡等。

例如智能安防，具体如烟感、门铃、魔镜慧眼等，特点就是安全、灵敏、智能远程控制。相应的场景有丈夫在家里藏私房钱被抓，孩子躲藏起来找不到等，虽然有自黑的嫌疑，但你不得不承认，这样的场景很有趣。顺便提一句，现在短视频平台上流行的视频风格之一就是自黑和自嘲，适当运用会有意想不到的效果。

例如全屋WiFi，特点是无缝切换穿透力强。那么可以设计的场景就有邻居来蹭网、躲在厕所里玩游戏等，都可以呈现出有趣的一面。

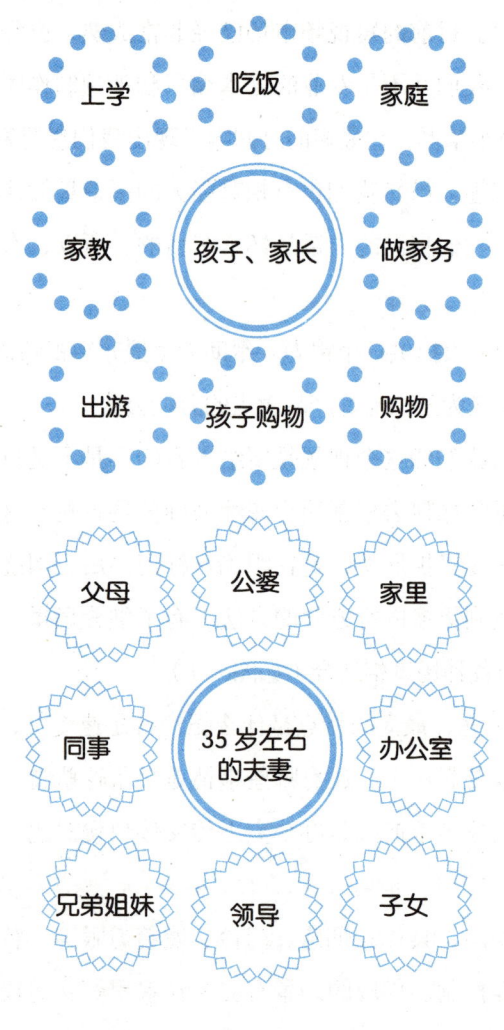

图 6-1 根据用户细分场景的示例

锦囊二：拒绝尬演，卖点融入剧情的核心要素。

说到演技，这个就仁者见仁、智者见智了，首先我们都不是专业演员，要想呈现专业的表演可能性不大，但全国各地有很多会演的同僚，关于如何将自己的段子演得自然不做作，有一些小建议与大家分享。

首先我们的视频可以分为纯口播介绍类和剧情演绎类。

第一种是纯口播介绍类，就需要出镜人大方得体，表情自然，语速均匀，台词熟练；台本创作也要尽量做到简洁明了，切记不要因为怕用户看不懂而去加一些不必要的场面话。

比如，我们在介绍智能家居的时候，一句话自我介绍后直接带领观众进入展示场景，产品介绍的第一句话就应该直接甩出该产品最大的特点。如"我们现在看到的是能够远程视频监控、灵敏度高并且外观精致漂亮的智能烟感器"，一句话带出产品最大的三个特点：远程视频可监控、灵敏度高、很好看。这些都是用户最关心的问题。

第二种是剧情演绎类，之前已经跟大家分享过如何提炼卖点以及如何与场景结合，完成这一步以后，剧本就已经形成了。接下来就是如何演以及如何拍。

演员需要了解剧本想要表达的情绪，是搞笑的、惊悚的还是煽情的，这是第一步也是最关键的问题。接下来，演员不要去想自己是在拍段子，要想象成自己是在真实生活中遇到了真实的情况，从而做出真实的反应。演员重要的是有天赋，还要多演多积累。

如果演技不够，那就只有靠剪辑和拍摄来凑了。

可以使用的方法是不停机！手机一直处于录像状态，一边拍一边引导演员情绪和剧情走向。素材足够多的话，总有几秒钟是可以使用的，再通过后期剪辑来形成一个完整的作品。

锦囊三：拍剪指南，制作优质视频的实用技巧。

一句话，短视频就是要短，不要怕用户看不懂，不要舍不得你的素材，该剪掉就要剪掉。

第二节　A省公司直播历程分享

截至2021年9月底，某集团A省直播间累计直播13场，累计观看人次42万人，获赞14万个，收获商机单3158单。赋能地市直播28场，累计观看人次15万人，获赞3万个，收获商机单200余单。这些成绩与省公司对直播平台的布局分不开。A省公司的直播历程经历了以下几个阶段。

1. 平台探索

A省公司在多个平台进行了直播探索，直播成绩节节攀升。在直播初期使用腾讯看点直播。在这期间，A省公司熟悉了直播的基本规则和方法，对直播有了初步的了解，然而发现此平台并不适合自己，存在观看用户少、上架商品受限制等诸多缺点。

为此，2020年，A省公司开发了自己的小程序，接入小程序直播系统，同时省内的直播团队根据之前的直播经验整理出完整直播流程、话术套路、技术操作，并以重要营销节点直播为主。这套合适的直播打法，使得直播人气由单场几千人次突破单场10万，其中2020年总经理直播观看量达54万人次。小程序直播取得初步的成功，为A省公司的直播营销带来了一个小高潮。

2021年，在小程序直播的基础上，A省公司接入集团自己打造的"星播客"直播间，双平台同时直播，在"星播客"直播间获得一定成绩之后，集中力量转战星播客，发现星播客具备用户更活跃、质量更高、平台限制更可控等特点。

2. 内容探索

A省公司开始了多个方向的内容探索，其一是跨界合作，联合vivo终端销售，取得手机终端大爆单；其二是品牌宣传，助力服务满意度；其三是公益教育，联合A市反诈中心，进行反诈教育。

3. 打造省市直播矩阵

在直播过程中，A省公司发现省层面负责直播的人员不足，直播团队由微信团队五位同事兼任，难以继续扩大影响力，于是决定调动市公司力量，扩大直播团队规模，搭建省市直播矩阵，让每个地市都参与到直播项目中来。

然而A省公司在真正组建省市直播矩阵时，又发现了如下问题。

其一是地市的积极性难以调动起来。很多地市公司的想法保守，对新型直播渠道不敢尝试，担心投入没有产出。

其二是直播短视频团队搭建难。即使有些地市公司有尝试的意愿，也力不从心。一方面是缺乏技术和设备，另一方面是人员配备困难，主要表现为地市无专业直播短视频人员岗位，缺乏搭建团队牵头部门，对接部门本职工作繁重，难以脱开身，员工直播没有激励制度，缺乏积极性。

其三是网红主播培养难。我们都知道网红主播对直播的重要性，从长久性和经济性等方面考虑，培养自己的网红主播是最必要的。然而，地市公司一般没有专业的主播，相关的员工少有直播经验。如果自己培养IP、主播，则需要很长的时间，与员工营销任务冲突。此外，还有很多优质的员工对直播渠道期待值不高，不愿意投入到直播这项事业中来。

其四是直播间获客转化难。地市没有成熟的直播、下单、发货的闭环流程,当前线上产品无法满足直播带货需求,配置流程烦琐,而直播间用户预约高,转化低,直接打击了地市公司接单人员的信心。

为此,A省公司分别从政策、团队、培养、转化四个角度入手,实现省市直播矩阵的打造。

第一步,强政策,双重激励调动地市积极性。A省公司从两个政策入手调动地市积极性,其一是全省开展数字化销售竞赛,将直播、短视频创作列入地市积分考核内容;其二是直播营销成本激励20万现金抢盘奖励,先到先得,让勇于尝试的地市尝到甜头。

第二步,组团队,迅速组建市级支撑团队。团队的人员主要分为直播前的团队人员、直播现场的人员以及网红主播等。

直播前的支撑团队分为:宣发协调人员,主要负责协调资源进行宣发工作;后台管理人员,主要负责星播客后台配置、推拉流等;设备管理人员,主要负责设备调试和直播间搭建;产品配置人员,主要负责线上产品配置对接;脚本编写人员,主要负责直播脚本流程安排;图片制作人员,主要负责图片素材对接。

直播现场的人员分为:场助人员,主要负责提醒主播节奏,负责屏幕投屏,辅助主播进行直播;后台管理人员,主要负责推荐主播在讲产品链接、及时针对个别用户禁言;数据追踪人员,主要负责追踪订单数据,提醒主播调整带货节奏;评论管理人员,主要负责引导言论,及时对不文明的刷屏进行提示或禁言等。

对于网红主播,A省公司优先在内训师、营业员中选出合适的人作为地市常驻主播,此外,还制订了一套自己的选拔标准和培养方案。由于主播一般都是从地市的团队中选拔培养的,A省公司一般都选用具备这些特点的人:有积淀、有深度的语言表达和交流能力;有较高的情商,能灵活处理一些用户的评论；具备一定的才艺，比如唱歌、跳舞等。

第三步，重培养，省市穿行测试，进行全方面技能培训。A省公司把技能培训分为线上培训、直播全流程总结、线下赋能三部分进行。

线上培训要先拉人建群，A省公司组织各地市感兴趣的人员参与集团振翅培训班，形成兴趣小组，然后确认各地市对接人，由省公司进行二次线上培训，编写星播客直播操作手册。培训的主要内容包括：直播间后台配置，主要讲解星播客后台的期次配置、录制、商品配置；手机直播的直播间环境搭建，介绍直播间基础逻辑，现场演示直播间搭建过程，包括录像设备、收音设备、灯光、桌面摆件、背投屏幕等设备的调试；OBS使用及相机直播，OBS软件基础操作解说、进阶功能实现，包括推拉流、转播、多平台同步直播、滤镜调用等。

直播全流程包括图片准备、带货商品准备、直播间配置、流程梳理、直播间搭建、宣发、直播复盘等方面。具体如下表所示。

表6-1　直播全流程表

图片准备	拍摄	主播人物照，要求背景干净，颜色不杂不深，主播形象大方，图片清晰好看
	文案	主标题、副标题、开播时间、直播奖品、卖点都需要考虑清楚
	制作	使用PS或其他制图软件
带货商品准备	现成链接	直接在直播间内配置
	配置链接	至少需在直播前三天与省管理员沟通接单流程、产品内容等事宜
	商品处理流程	考虑全市、全省范围内的接单处理及托底机制

(续表)

直播间配置	直播间批次	地市管理员新建直播批次
	商品配置	在星播客商品管理后台配置商品链接
	入口配置	省内管理员在批次图片制作完成后，建立入口
	录制开启	提前 24 小时点击该直播批次的录制
	直播间测试	新建测试直播，保证音画质量、链接配置情况没有问题
流程梳理	流程表	直播流程表制作，具体包括整场直播时长、时间分配（产品介绍、抽奖环节等）；场务、导播、主播各一份
	脚本	提前准备主播脚本，包含开场词、产品介绍、嘉宾串场、抽奖口令等完整话术，后期熟练后可简化成框架内容
直播间搭建	环境	不同直播间要灵活布置，除直播手机外，主播需另有一部手机观看评论
	灯光	环形灯（带手机支架）、环境灯，建议放置在没有墙面反射的空间
	摄像	无电话干扰，且网速达标的安卓手机一部，需下载直播 APP
	收音	单人可用耳机或蓝牙耳机，两人及以上需用小蜜蜂（无线麦克风）或声卡麦克风
	摆件	相关元素桌面摆件，奖品摆件
宣发	群发海报	在配置完星播客首页入口后，地市公司组织宣发人员在朋友圈、微信群多批次群发海报，开播前 1～2 个小时需群发一次，直播中还可视情况群发
直播复盘	—	对人气数据、订单数据、活动参与数据、前期准备工作、直播过程节奏进行复盘，并制定下场直播改进优化方案

线下赋能实战主要分为：线上提前沟通准备，主要包括建群进行线上沟通，提前对直播后台配置、流程准备、主推商品、脚本编写、抽奖策略以及推广宣传工作进行安排布置等；直播实战前课程培训，主要包括直播前召集主播和直播支撑人员，对直播流程进行梳理，对脚本编写、直播技巧、海报制作技巧、直播环境布置、场务人员分工等工作进行培训等；直播中团队作战，主要包括明确现场工作人员分工，保证场外支撑小组各司其职，充分调动现场资源，实时监控直播视频，及时发现现场问题，调整直播节奏，应急处理突发情况等；直播后集中复盘，主要包括直播结束后对直播全流程进行查漏补缺，对各环节实施情况进行梳理。

第四步，精转化，三个环节抓牢直播转化。第一，直播间商机单预约，即要分地市进行商品配置，可指定接单人；结合企业微信的精准营销系统，精准派单至客户经理。第二，客户经理联系用户，主播多次重复下单操作，规范客户经理营销话术；了解用户需求，主播劝导用户不要盲目下单；客户经理可优先邀请用户到店体验，并进行其他产品的二次营销。第三，订单成交后做好后续的服务工作，完成闭环。

4. 优秀地市直播案例分享

2021年8月底，省公司直播团队在B市进行直播培训实战，培训实战效果优异。随后B市客户经营中心迅速响应，组建团队，在多场自主直播后形成自己的直播风格套路，9月进行5场直播，以满意服务为主打口号，联合省市力量进行宣发，每场观看人数均达10 000人以上，产生商机单100余单，抢盘直播激励营销成本奖励5万元，列全省之最。

（1）一点支撑，扎实推进。

8月底，省公司专家到B市指导B市首场直播，开启B市十分满意系列直播矩阵，观看人数达10 246人，产生商机20单。直播完成后，B市公司迅速组建技术团队，同时调动各县区各条线年轻人的积极性，形成一支市县联动队伍，并形成省市县一点支撑。

（2）省市联合，流程穿行测试。

B市公司在9月份共计安排了5场直播，均以省支撑市、市支撑县的模式进行，省公司负责及时响应排期、安排展位、上线带货商品，市公司团队流转各区门店进行直播，挑选可培养成主播的员工，并与省公司联合宣传造势。整个流程中，B市保持和省公司的紧密联系，确保直播各流程细节不出错。

（3）集中力量，一点分发。

省公司使用企业微信组织群发海报、地市公司组织员工分享海报、直播矩阵群内其他地市公司也进行分享，形成宣传全覆盖，做到集中力量，一点分发。

第七章

O2O社群实战案例

O2O全称为Online to Offline，即线上（网店）和线下（实体店）有机融合的一体化"双店"经营模式，既可以将线下实体店的客户导流至线上消费，也可以将线上的客户吸引至线下消费。O2O模式能够实现线上线下资源互通、信息互联、相互增值，是实体商业第四代交易模式和标准。本章将从社群营销场景实战、基于LBS定位的平台集约引流场景实战、特卖会组织实战、电竞社群运营实战等几个方面带领大家实战演练。

第一节 社群营销场景实战

社群营销场景实战可以从营销准备、客户交互、营销交付三个方面进行。

1. 营销准备

社群营销的准备工作主要从以下三个方面进行（如图7-1）。

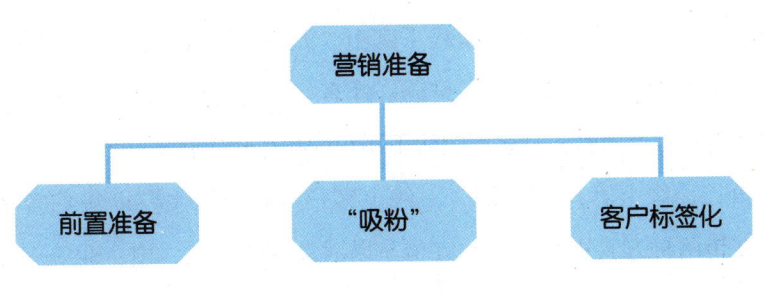

图 7-1　社群营销准备的三个方面

（1）前置准备。

前置准备指的是一些在营销前就能够准备好的东西，如统一的头像、得体的标准回复等。前置准备能够给人留下专业的印象。具体可以从头像设置和标准回复入手。

第一，头像设置。企业员工把头像统一设置成着工装的照片。企业可以组织员工拍统一的工装照片，员工在拍照时，尽量表现出自己专业的一面，这样，在使用这些照片作为头像时，就会给人专业、可信赖的印象。

第二，标准回复配置。企业根据实际情况和需要统一配置标准话术。例如，"您好，我是您的××顾问，这是我的××号，有与××相关的任何问题都可以在这里与我联系"。

（2）"吸粉"。

"吸粉"指的是吸引粉丝，粉丝是O2O社群实战的主要对象和关键。可以这样说，高质量的粉丝越多，越有助于O2O社群实战的开展。"吸粉"方式可以分为以下几种。

第一，线下客户"吸粉"。线下客户"吸粉"可遵循线下露出和逢客必加两大原则，前者相对被动，后者相对主动。将个人社交软件二维码放置在线下显眼的地方，即线下露出，如在台席台卡、店员工牌、店员名片上添加个人社交软件二维码。逢客必加指的是主动添加进店用户和户外营销、上门服务时遇到的线下用户的社交软件好友。

第二，线上客户"吸粉"。线上客户"吸粉"主要以集约宣传和个人宣传两种方式进行。集约宣传是以活动为切入点，由企业统一在微信、微博、美团等全国性平台上做好宣传。个人宣传是由业务员个人进行，主要在其个人朋友圈、微信群分享个人社交软件账号和其他相关信息。

第三，大数据"吸粉"。大数据"吸粉"是指企业对线上平台中收集到的客户数据进行分类整理，再进行精准"吸粉"。

（3）客户标签化。

客户标签化指的是对客户做标签备注。企业可以准备一个统一的模板，将重要的信息备注其中，如"姓名+先生/女士+账号+需求+兴趣偏好"，重点标注客户潜在需求和兴趣偏好，这些都是可能存在的增长点。

2. 客户交互

社群营销的客户交互工作主要按以下三个步骤进行（如图7-2）。

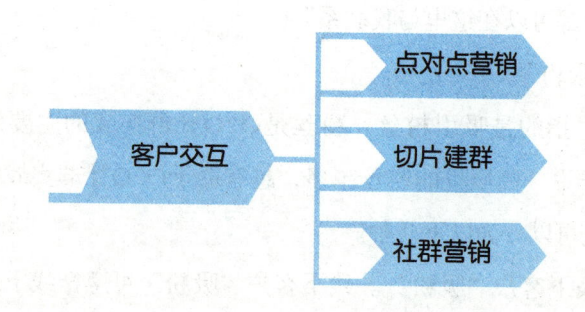

图7-2 社群客户交互的三个步骤

（1）点对点营销。

第一，必推微店。添加用户好友后，店员要第一时间向用户推送个人微店二维码、宣传海报或相关宣传信息，告知用户在线办理业务或者购买业务的方式和途径。

第二，客户关怀。店员可以在客户生日、节假日时及时问候；在平时向其提供知识科普和生活实用技巧分享等。

第三，大数据精准营销。企业统一提供客户清单，聚焦重点产品的营销场景，提供针对性的解决方案，点对点精准推送到人。

（2）切片建群。

第一，客户分类建群。结合客户兴趣爱好、活动，对客户分类建群，主题要聚焦，如电竞群、教育群、秒杀团购群等。

第二，规范群名称。群名称要求一句话穿透，说清楚门店想干什么，用户能得到什么，如产品以旧换新福利群、消费满减活动群、企业红包群等。

第三，角色分工。角色主要有主持人兼统筹（活动主持、图文直播等）、客服（问题解答、纪律维护等）、财务（红包发放、信息统计）、种子客户（配合烘托氛围，促成销售）、文案（活动流程、话术策划、产品卖点、图片、价格整理）等。

（3）社群营销。

第一，群日常运营。营销类社群分长期运营群和短期活动群。长期运营群，结合群主题，落实固粉四步法：日常科普产品知识，分享生活实用技巧，开展打卡赠礼、团购秒杀活动，组织线下体验交流。短期活动群，活动结束后解散，群内人员根据标签邀请至其他群组。

第二，特卖会组织。这一步分引流炒群和活动引爆两小步。引流炒群指的是通过点对点推送、朋友圈宣传、用户好友裂变等方式吸引用户进群，例如，可以使用每20人进群发送红包的方式保证群活跃。活动引爆是引流炒群的目的，例如，当凑齐100~200人时发布活动内容，通过组织限时秒杀、在线拍卖、接龙预约等活动，引导用户线上或到店购买。

第三，异业活动组织。这一步是要整合社交软件粉丝资源，例如，一些有门店的企业可以精选本地买菜、餐饮等高频民生服务类合作伙伴开展合作，丰富社群营销服务内容，提升门店收入。

3. 营销交付

第一，线上成交。线上获取相关要素，如用户在线填写的姓名、联系方式、地址等，关联后台的订单信息，完成收付款。员工要在用户支付完成后30分钟内完成受理，并与用户确认。

第二，到店办理。线下门店呼应线上活动，做好宣传氛围突出；现场组织签到，做好线上领券预约用户的体验办理引导；办理完成后引导用户在活动群、朋友圈晒单，并赠送礼品。

第二节　基于LBS定位的平台集约引流场景实战

平台集约引流的准备工作主要从以下两个方面进行（如图7-3）。

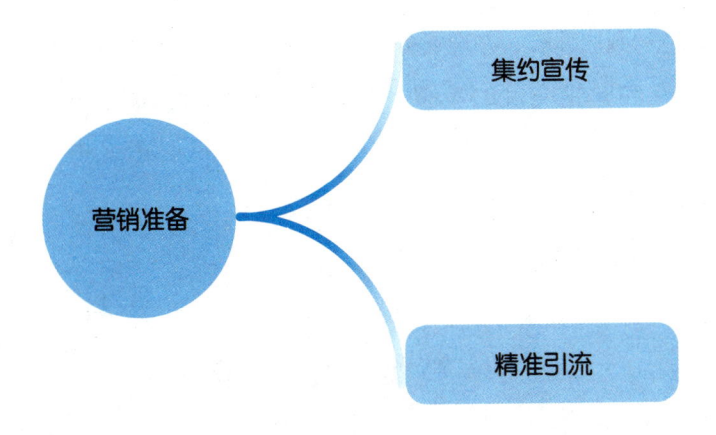

图 7-3　平台集约引流的两项准备工作

（1）集约宣传。

第一，设计统一的页面。企业针对阶段活动主题设计统一的界面，将其发送给各个门店，由各门店增加基于LBS定位的就近厅店展示，支持进入就近微店。

第二，自有线上渠道宣传。企业统一在自有的线上平台增加活动宣传页面入口或者附近门店查询入口。

第三，外部合作渠道宣传。企业统一在百度、高德、腾讯等地图APP，以及其他公域平台渠道加载厅店的信息、活动的查询入口，支持直接进入微店或者在线预约排队。

（2）精准引流。

第一，用户自选厅店引流。支持用户在活动页面通过LBS定位，查找就近门店或者喜欢的线上微店进行在线预约或者业务办理。

第二，基于LBS的就近推送引流。根据大数据分析，重点针对目标用户进行推送引流，例如基于LBS定位针对核心厅店一公里内目标用户推送邀约短信，邀请到店体验、办理业务。

客户交互和营销交付的步骤，与社交软件的社群营销场景实战相同。

第三节　特卖会组织实战

1. 目标分解与分工

（1）制定目标。

为特卖会活动制定目标，如粉丝数增长10万或销售额达到100万等。

（2）明确人员分工。

即明确特卖会人员各自的工作职责。例如可以像上文提到的方法那样对工作人员进行分工：主持人兼统筹，负责活动主持、图文直播等工作；客服，负责问题解答、纪律维护等工作；财务，负责红包发放、信息统计等工作；种子客户，负责配合烘托氛围，促成销售；文案，负责活动流程、话术策划、产品卖点文案、图片制作、价格整理等工作。

2. 精选产品定政策

即根据现场情况，精选一定数量的产品，通过软件或在线工具如创客贴、微商水印、人人秀等制作宣传图。宣传图中要求有比价、一句话卖点，让客户一目了然。

3. 建立特卖群

即建立特卖群用以联络客户。在建群的时候，要注意建群规范，群名称要求一句话穿透，说清楚门店想干什么、用户能得到什么，如天翼广场手机终端以旧换新福利群、消费满129元送手机活动群。

4. 宣传邀约吸粉

用社交软件对活动进行宣传扩散吸粉，如点对点推送、朋友圈宣传、用户好友裂变等。

5. 特卖群活动预热

对特卖会的活动进行预热，组织一定数量的业务员用社交软件等工具发宣传视频、发群规、发产品政策，为活动造势预热。

6. 特卖会执行

特卖会的执行可以分为如下几个阶段：第一，主持人开场前预热互动；第二，告知福利和活动时长；第三，红包引导客户接龙，确定在线人数；第四，介绍整场活动的流程及参与方式；第五，用热身游戏引导全员参与，营造氛围；第六，开始秒杀，高、中、低价位产品穿插进行，一件产品不超过10分钟；第七，推送微店链接，引导线上下单。

7. 交付与散群

业务员要告知客户交互的方式，有到店自提、我方送货、快递承送等。当完成交付后，业务员根据标签把用户分到其他群，并解散活动群。

第四节　电竞社群运营实战

1. 明确定位及目标

在明确定位及目标的过程中，我们可按以下五个步骤进行。

第一，明确定位，指的是明确此次活动的定位是什么。例如，聚集电竞游戏玩家，打造××企业与电竞玩家的长期活跃的、可以信赖的社交触点，结合企业资源解决玩家痛点。

第二，制定目标，制定阶段性粉丝扩容目标、活跃目标。

第三，分类标签，根据不同游戏建立相应社群，规范社群名称，后期根据社群用户活跃情况标识喜好、活跃度。

第四，预设规矩，提前制定社群成员必须遵守的规则，违反者及时清除。

第五，明确责任，社群管理员承担加人入群、规则维护、活动发布、引导"潜水"成员参与分享、激发"潜水"成员探讨主题的主要责任。

2. 打通多路引流渠道增粉

在电竞社群运营实战中，我们可以通过自有媒体宣传、合作媒体推广、第三方平台招募、门店现场引流等方式进行"吸粉"。

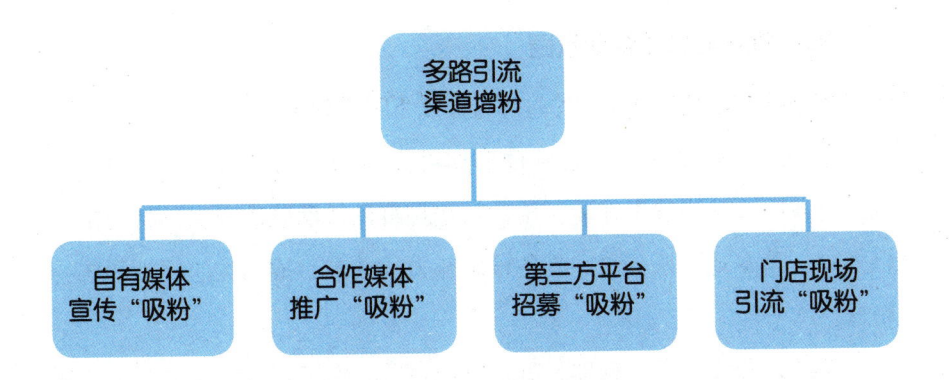

```
              ┌──────────┐
              │ 多路引流 │
              │ 渠道增粉 │
              └──────────┘
   ┌────────┬──────┴──┬────────┐
┌──────┐ ┌──────┐ ┌──────┐ ┌──────┐
│自有媒体│ │合作媒体│ │第三方平台│ │门店现场│
│宣传"吸粉"│ │推广"吸粉"│ │招募"吸粉"│ │引流"吸粉"│
└──────┘ └──────┘ └──────┘ └──────┘
```

图 7-4 电竞社群运营的四种"吸粉"方式

（1）自有媒体宣传"吸粉"。

用企业自有的微信公众号，或微博活动推文里预留的社群管理员二维码进行推广"吸粉"；再联动内部员工，在朋友圈转发带二维码的图片海报二次"吸粉"。

（2）合作媒体推广"吸粉"。

与腾讯、虎扑等专业媒体或本地知名的青年类、娱乐类公众号合作进行推广，在推文中，预留管理员二维码进行"吸粉"。

（3）第三方平台招募"吸粉"。

在百家号、大鱼号、百度贴吧等平台直接发布招募帖，预留管理员二维码进行"吸粉"。

（4）门店现场引流"吸粉"。

门店在现场咨询或受理时，询问目标客户的游戏喜好程度，推荐入群。

3. 挖掘核心领袖带动氛围

挖掘核心领袖带动氛围的过程可按以下三个步骤进行。

第一，保障来源。核心领袖前期可由懂游戏的员工进行客串或寻找爱游戏的大学生线上兼职；中后期挖掘群内较活跃的成员，特别是性格外向、爱游戏、乐分享、具备输出能力的成员，成为核心领袖和核心粉丝。

第二，分类培育。管理员确定每周话题、活跃目标，要求员工或兼职人员有固定输出与互动量，与活跃粉丝进行点对点沟通，引导其定期输出电竞相关素材或积极组织电竞活动。

第三，持续激励。管理员根据兼职人员及核心粉丝的级别及工作效果，如社群用户销售转化率等，给予其话费卡、营销推广提成。

4. 组织定期活动保持社群活跃

大家可组织如下几种定期活动以保持社群活跃（如图7-5）。

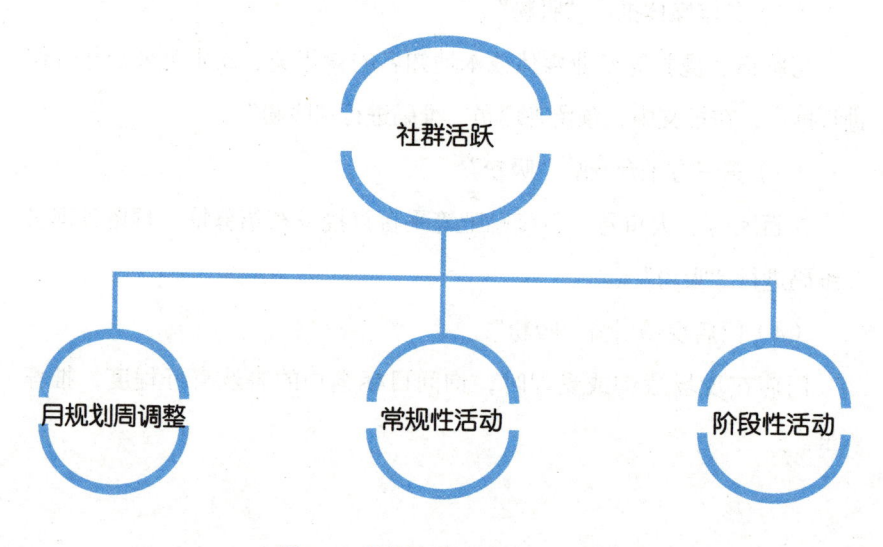

图 7-5 保持社群活跃的三种活动

（1）月规划周调整。

结合门店电竞活动、行业热点活动，每月初规划当月社群互动与活动的主题、要点及目标，每周结合电竞新闻与门店活动制订互动话术脚本。

（2）常规性活动。

举办红包福利、群内开黑上分、英雄教学、电竞观赛、话题讨论与分享、投票排名等常规性活动。

（3）阶段性活动。

在新春、五一、暑期等节点举办主题活动，并发放游戏道具福利，此外，还可以举办电竞赛事活动、线下见面会等。

5. 持续输出内容保持社群价值

大家可以按照以下两个步骤持续输出内容以保持社群价值。

第一，制作知识干货：寻找游戏竞技时的常见问题，搜索答案，形成题库，用于社群讨论互动、游戏答疑（参考知乎"王者荣耀"、王者荣耀贴吧高回复数帖、虎扑热门讨论帖）。

第二，邀约核心粉丝输出：定期邀约核心粉丝输出个人技能经验分享、经典对战视频及分析（结合王者荣耀的机器人对战视频保存功能）。

6. 捕捉商机适度营销

大家可以按照以下几个步骤捕捉商机进行适度营销。

第一，储备销售品及话术。每周复盘社群讨论热点、咨询热点，匹配销售品或提出需求，编制软性话术。

第二，识别玩家需求。玩家对网络、游戏、技能的抱怨、期望、询问等,均是需求信号,群聊时引导玩家关注对应产品或服务。

第三,点对点沟通促成。群聊中满足玩家的需求后,点对点私聊,提供限时优惠,减少群内的过度营销沟通。

第四,群内适度推广。阶段性主推重点活动,开展游戏周边团购、秒杀活动,引导核心粉丝进行氛围烘托,频率每周不高于一次。

第八章

场景化视训实战

在前面的章节中，我们已经介绍了什么是数字化场景视训。简而言之，场景化视训就是高度还原实际的业务场景，让学员在训战的时候，能够身临其境，从而练习在实际场景中解决难题的能力。在实际的数字化场景视训中，我们可以将优秀的培训案例制作成富媒体视频，呈现给学员。本章将详解一个场景化视训案例及其脚本框架，带领大家了解如何制作一个场景化训战视频。

第一节 以"大咖秀"为例详解场景化视训

"大咖秀"项目是A集团基于一线的真实需求和现实情况而设计的场景化视训方案。A集团是我国通信行业的领军企业，其自有渠道就有近30万一线销售人员，这些销售人员包括店员、店长、渠道经理等，分布在全国各地。人员众多、地方差异大、服务要求高是A集团面临的销售培训困境。如何以最少的人力物力达到最好的培训效果，且能够快速覆盖全国各地的一线销售人员？此外，一线销售人员的学习需求有什么？什么样的培训内容更加便于传递？

1. 项目介绍

2018年年底，"大咖秀"在集团市场会亮相，获得高度肯定。2019年，在集团渠道全年培训重点工作总结和分省点评中，集团对互联网培训开展成果表示高度认可，尤其对以"大咖秀"为主的场景化视频微课等成熟的学习模式，表示了工作上的肯定。2020年，集团推出配套的"大咖来了"在线直播课程，由案主及先进经营单元详解本地做法和模式，更加细致地讲解了渠道所需的赋能知识，获得高度肯定。2021年，"大咖秀"场景化微课与"大咖来了"在线直播密切结合，详解专题化案例与直播，各省份深入探讨业务发展关键，扩大了业务交流学习范围，营造了"比学赶帮超"的良好氛围。

集团渠道运营中心联合业务部门共同萃取最佳实践案例，开发制作案例微课，以短视频、直播、社群学习等更丰富的形式赋能一线。

集团连续4年推出"渠道大咖秀"场景化视频培训，通过互联网方式，快速送培至一线，迄今为止已推广了33个本地最佳实践案例，60期知识点讲解课程，培训超130万人次。

2. 项目优势

第一，品牌丰富。"大咖秀""大咖来了"相结合，丰富了案例颗粒度，涵盖了营销模式、创新举措、试点经验等"大案例"和销售动作、流程、话术等"小案例"。

第二，在线学习探索。学员聚焦关键知识点，在线进行课堂互动，积极探索业务发展新模式。

第三，短视频与微信群结合。短视频具备社交性、互动性强的特点，满足当下互联网碎片化消费和大众媒体传播需求，"大咖秀"项目依托短视频APP、微信群等平台引导学员观看，最大化发挥培训效能。

第四，短视频与直播结合。项目借力短视频和直播，进入泛知识快车道，充分利用自身拥有的内容资源，扩大受众群体。

3.场景化视训的解决方案

A集团提出了"渠道大咖秀"的解决方案，通过微课录播加专题深入解析的方式进行场景化视训。

"渠道大咖秀"绩效提升项目是"标杆萃取+在线培训+复制推广"的线上场景化规模培训模式，这个项目面向支局长、店长、渠道经理和一线销售人员等关键岗位，聚焦宽带、5G、终端、全屋智能等主流业务，围绕O2O场景化销售、快店营销、厅店数字化营销、智慧家庭产品销售等典型打法，萃取了组织内的标杆经验，进行线下真人实景拍摄，制作成社区、门店、农村、城市等各种场景化微课，然后在线上联播培训，并全国覆盖推广。这个项目还形成"大咖来了"子品牌，建立场景化微课和专家直播的矩阵模式，进一步加快组织内经验的传播复制，不断提升渠道人员的综合作战能力。

这种方式能够快速地为个人和组织赋能。从个人赋能层面上说，这样的学习方式能够让学员快速进行学习。只要一部手机，学员就可以从指定的学习软件中"下单"视训课程，学习丰富精彩的案例，进行扎实有效的实践练习，从而快速提高自己的销售能力，在开阔思路的同时开阔眼界。从组织赋能的层面上说，这是一种节约资源和成本的视训方式，也是一个可复制的成功路径，能帮助更多的一线销售人员在他人经验的基础上进行实践，在自身实践的基础上进行创造，使得负责渠道运营的相关部门可以聚焦细分渠道建设，从而有效支撑专业化运营的推广落地。

4. 底层设计

"渠道大咖秀"是基于实战场景的真实现场还原，在进行底层设计的时候，A集团从准、精、快三个角度进行。

（1）准。

准，即找准"秘药良方"、切入集团困境的要害。"渠道大咖秀"上接集团战略目标和渠道发展方向，挖掘发展中的创新举措和成果；下应一线营销困境和发展瓶颈，呈现实用性强、干货度高、可复制的优秀实践案例。

（2）精。

精，即聚焦热点、有益探索。"渠道大咖秀"聚焦当前渠道发展重点、难点，挖掘省市优秀实践案例，呈现了自有厅、社区、农村、商圈等各类细分渠道在业务突破上的有益探索。

（3）快。

快，即变化快、制作快、传播快。"渠道大咖秀"紧跟市场变化和业务发展方向，紧贴热点话题和热卖热销的产品；一周完成选题、编排，一周完成拍摄、剪辑及后期，唯快不破；关注实时点播人次，多渠道、多频次、多平台快速传播。

5. 模式设计

"渠道大咖秀"主要从目标人群、形式介绍、师资力量等方面进行模式设计（如图8-1）。

176　数字化赋能——从思维创新到方法实施

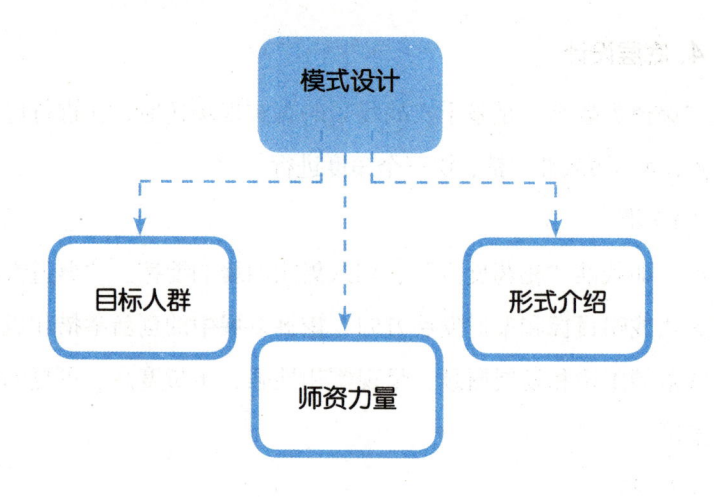

图8-1　"渠道大咖秀"模式设计的三个方面

（1）目标人群。

"渠道大咖秀"的主要目标人群包括A集团内的省市渠道部主任、区县公司经理、专业化运营总监、业务主管、支局长、营业部经理、渠道经理、门店店长、销售人员，以及各级内训师。

（2）形式介绍。

"渠道大咖秀"通过以下几种形式进行。

第一，挖掘省市渠道各专业条线的经营举措和实践案例。

第二，萃取一线发展急需的经营关键点、技巧和做法等。

第三，拍摄时，还原真实场景。

第四，制作成20分钟左右的案例短片。

第五，利用微吼直播、渠道学习专区等互联网平台直播。

第六，呈现诀窍、妙招和方法，营造比学氛围，形成赶超之势。

（3）师资力量。

"渠道大咖秀"的师资力量以A集团实体渠道集团级内训师，省、市公司渠道运营人员等为主。

6. 制作流程

一个"渠道大咖秀"视频的制作主要经历了以下的流程（如图8-2）。

挑选主题，申报接洽

萃取案例，编写脚本

脚本审核，编排准备

拍摄及制作

后期及推广

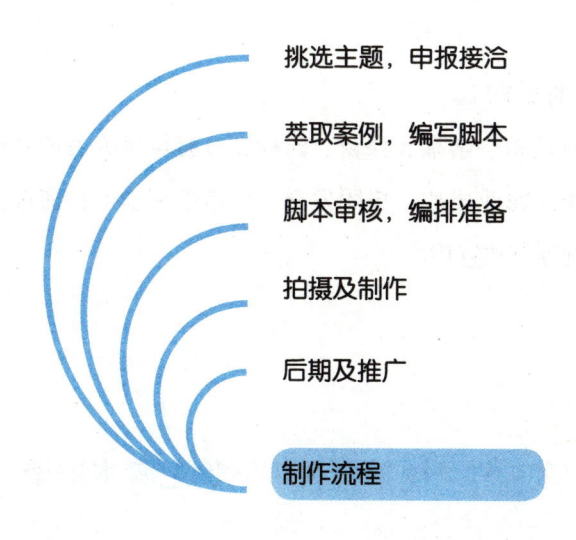

制作流程

图 8-2 "渠道大咖秀"视频的制作流程

（1）挑选主题，申报接洽。

精选集团内的优秀实践主题，聚焦近阶段业务发展重点、难点和细分渠道的创新做法、亮点，接洽各省的推荐投稿，安排排期和录制。

（2）萃取案例，编写脚本。

萃取实践中成功的做法或套路，编写成场景化脚本，形成可拍摄的素材，以还原一线销售场景的方式展现销售流程、手段、方法、技巧等。

（3）脚本审核，编排准备。

围绕选定主题，审核、修改、提炼出知识结构，进行人员选定、拍摄预演、摄制组准备。

（4）拍摄及制作。

本地场景化拍摄，"真场景""真人物""真故事"，还原真实现场。

（5）后期及推广。

进行素材剪辑、字幕、弹窗、浮标、过渡场景等后期制作；制作片头、片尾；审核修改成片；集团发文，省市组织学习；通过微课、海报设计、内部群等方式宣传。

第二节　场景化视训案例之脚本框架

在场景化视训视频拍摄之前，我们要根据自己已有的案例和思路，先搭建拍摄脚本框架。一般来说，框架要包含时长、场景、演员、内容、效果等方面，必要时做一些备注。我们以A省场景化视训的拍摄脚本框架为例，这个脚本框架的拍摄时长为25分钟，拍摄的内容包括导入和5个故事主线。在每一段的拍摄中，都要清楚地标记拍摄时长，以便后期剪辑时能够清楚呈现。具体如下表所示。

表 8-1　A 省科技助老合作项目标杆案例拍摄脚本框架

\	时长	场景	演员	内容	效果	备注
导入	30秒	A场景	主持人	介绍：案例背景		
导入	1分钟	A场景	主持人	上榜理由：标杆案例价值和成效	叙述	
	1分钟30秒					
故事主线1				为什么做		
1	1分钟	A场景	案例负责人			
	1分钟					
故事主线2				从哪开始		

(续表)

1	1分钟	小故事	角色A	追溯到2018年C县××门店与C县××单位的第一场邂逅	采访、怀旧倒叙、溯源
故事主线3				1分钟	
				怎么做	
1	5分钟	建设、运营、宣传	场景演绎	1.项目如何组织建设：建设的目标及如何制定、选店标准和流程、建设资源落实与内部跨部门协同、项目成员的选拔和培训 2.项目如何运营：整体运营目标和年度活动计划、微讲堂开展（省市与厅店的运营指导关系、分工界面、典型微讲堂组织的工具包和流程分工）、专项关爱活动开展（如何联动政府和企事业单位）、志愿者队伍招募及平台信息录入，运营的资源如何保障、复盘流程 3.项目如何宣传：做哪些活动素材整理、对外宣传报道要点及节奏、其他注意事项	会议研讨；人物对话

（续表）

2	10分钟分钟	××课堂怎么做	场景演绎	抓住当下老年人想要学习智能应用却缺乏指导的需求，科技助老，引入门店，免费开课指导 一阶段：社区宣传科技助老服务，同步开展"请进来"的完美家体验活动（含老年人家人的体验） 组织七步骤 第一步：找目标，锁定当地目标学员聚集的群体或单位 第二步：定方案，与核心人商定授课内容与活动形式（格式：××科技助老活动） 第三步…… 二阶段……	
			15分钟		
故事主线4			花絮		
1	10秒	每个人都会老去	群演	当你忙于生活的奔波而忽略对父母的关爱	场景演绎
2	10秒	户外工作者的辛酸	群演	当看到辛苦的户外工作者，身体承担着烈日、寒冬的煎熬	场景演绎
3	10秒	外出务工人员	群演	当每次外出务工时，家中孩子没人陪伴照顾	记录

(续表)

4	30秒	远嫁女儿讲述心声	角色B	每次为老人家服务时，我都想着，也会有人帮我照顾远方的父母	访谈
5	30秒	畅想未来	群演	A省百姓天网工程、5G高速网络：让距离缩短，让温情传播 父母与远嫁女儿用手机视频通话 外出务工人员通过摄像头陪伴孩子写作业	场景演绎
6	10秒	网点扩大	无数个服务站的服务照片叠加到地图上，形成A省地图	下一步计划扩大覆盖到××，让爱心和温暖传递给更多人群	多场景动画切换
7	3分钟	结尾花絮	全区10名服务大使	优秀服务大使的事迹：服务大使们想说的话	历史视频
			4分钟40秒		
故事主线5			结尾		

（续表）

						105个区县，用在A省地图上插红旗的形式来体现
1	1分钟	结尾	A省领导	总结提高	多场景动画切换	
2	30秒	结尾	主持人	片尾结束		
	1分钟30秒					

第九章 规模化的精准培训实战

第一节　规模化的精准培训实战之店长驻训

规模化的精准培训一般适用于大的集团公司，由集团的各区域员工组成区域联训团队，依靠线上和线下的力量完成数字化训战。某集团的店长驻训项目就是规模化的精准培训的优秀实战代表。对于某集团来说，庞大的销售网带来了数量庞大的店长，而对这些店长的精准培训是集团对整个销售网络进行管理的前提，因此，集团每年都会组织一定程度的店长驻训项目。接下来，将从驻训准备、基地选择、学员案例等方面进行详细的介绍。

1. 驻训基地的准备

驻训项目的实施需要选择驻训基地，驻训项目要在驻训基地常态化开展。驻训基地具备智能化、数字化的标杆门店，代表某集团门店软硬件运营的高标准；驻训基地具备多个有代表性生产场景的厅店，供学员参观模拟、现场实践；驻训基地具备一支管理经验多与实操能力强的店长队伍，为学员提供驻训指导与训中协助（如图9-1）。

```
                    ┌─ 驻训基地选择
                    │
驻训基地的准备 ─────┤─ 驻训厅店地段
                    │
                    ├─ 驻训厅店硬件条件
                    │
                    └─ 驻训厅店软件条件
```

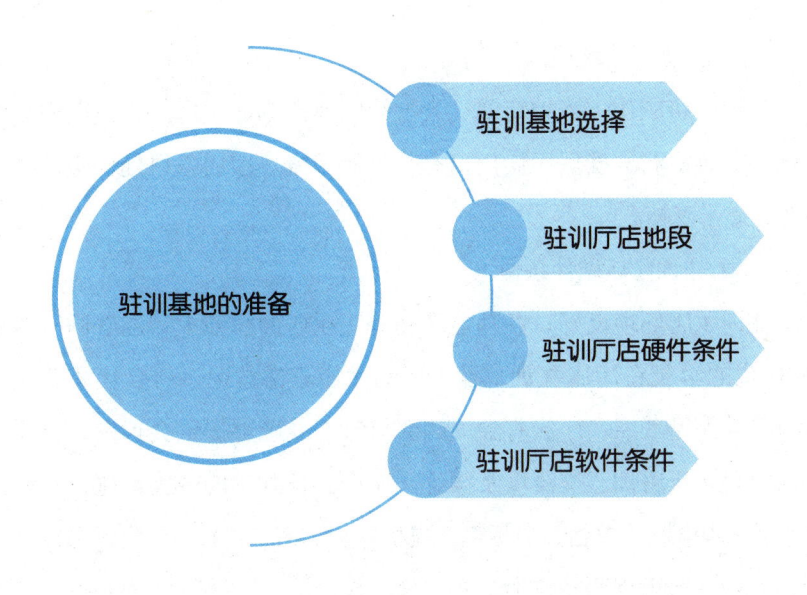

图 9-1　驻训基地准备工作的四个重点

（1）驻训基地选择。

驻训基地应在集团厅店管理水平较高的本地网中选取。该本地网在厅店代表性、厅店多样化、店长队伍整体素质方面都处于集团领先地位。

厅店代表性：指拥有至少一家完成智慧化改造的，具备集团最高水平软硬件能力的厅店。建议优先从第一批试点改造的广州、合肥、南京、上海、成都五个本地网中选取。

厅店多样性：除了集团一级智慧化营业厅之外，本地网还应具备商圈店、社区店、开放门店等类别的有代表性的门店。

店长队伍整体素质：所在本地网应有一支梯次丰富、管理经验丰富、运营能力强的店长队伍。

（2）驻训厅店地段。

驻训厅店应位于当地商圈、大型社区或商场、工厂等人流较密集的区域，交通便利，确保厅店门口有一定的客流。厅店入口处位于一楼，主要通道无遮挡。

（3）驻训厅店硬件条件。

驻训厅店环境良好，各功能区完善。厅店面积较大，能够同时容纳5～10位的学员在厅店驻训，且不影响厅店正常营运。符合集团公司要求的厅店优先考虑。厅店有独立的会议室，或能够提供会议室，方便在驻训期间展开培训、交流以及操练。厅店具备驻训的各类设施，如投影仪、笔记本电脑、白板、白板笔、桌椅等。

（4）驻训厅店软件条件。

驻训厅店组织架构完善，制度体系健全。驻训厅店（或所在本地网）有驻训教练团队，驻训教练工作经验丰富，语言表达与沟通能力强，并具备优化实训课程的能力。驻训厅店店长需获得店长三级（包含三级）以上岗位技能认证资格，能够提供驻训所需的各类支撑工作，厅店员工对于驻训工作积极配合。

2. 驻训学员选择与应用

（1）驻训学员选择。

驻训项目着眼于各省中大型门店精英店长、有潜力的储备店长、省市专业的营业主管的长期培养，选择学员的标准包括专业能力与导师能力。

专业能力指学员致力于长期从事店长管理的相关工作，具备零售运营能力，具备兴趣与热情，善于学习厅店软硬件运营方法。

导师能力指学员能够归纳总结门店运营经验，能够分析门店运营问题并具备管理方法创新能力，具备培训师的能力与素质，能够传帮带并进行经验的分享。

（2）驻训学员应用。

学员完成驻训后，肩负着所在省份和本地网进行驻训项目向下推进与推广的职责，同时需要不断加强与提升自身的能力与素质，从而提升整体驻训队伍能力与项目质量。集团公司会为驻训学员提供后续应用的两种通道。

教练通道：作为驻训导师，在所在省份与本地网进行驻训项目推广，同时不断接受培训来提升素质，完善教练履职能力。

职业通道：作为厅店运营的标杆角色，在本地网与省公司的店长队伍与专业营业管理队伍中不断晋升。

3. 驻训基地人员职责分工

驻训基地人员的职责分工主要有以下三个重点（如图9-2）。

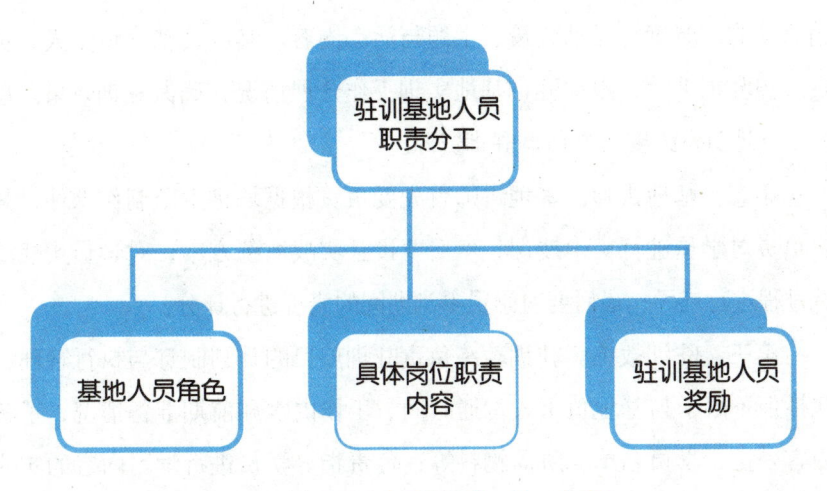

图9-2 驻训基地人员职责分工的三个重点

（1）基地人员角色。

驻训基地工作人员包括但不限于基地负责人、基地讲师、驻训教练。

驻训基地负责人由驻训基地所在厅店的上级管理部门负责人或店长担任，负责基地驻训工作的整体组织协调。基地讲师由驻训基地店长、值班经理或核心骨干人员担任，负责对学员进行培训与实战辅导。驻训教练以项目制的、虚拟团队的方式组织，成员包括培训项目实施单位（如培训中心、第三方公司等）人员、实体渠道管理人员、内训师等。驻训教练负责驻训项目的具体实施和管控，包括项目计划、执行跟踪、学员辅导与评价、项目总结与效果跟踪等。

（2）具体岗位职责内容。

第一，基地负责人。首先，基地负责人要负责驻训前的准备，如培训物料准备、培训师资准备、驻训师分工、驻训日程安排等，涉及营销活动的需要确定活动政策、主题与活动内容。其次，基地负责人要负责掌控驻训进度，跟踪驻训基地实训工作开展情况，确保驻训效果。最后，基地负责人要负责协调驻训资源。

第二，基地讲师。基地讲师首先要负责根据培训主题制作课件，其次负责对学员进行集中授课，然后要设计实战演练方案，对学员实战演练过程进行辅导，最后要对学员参训期间的表现进行评分。

第三，驻训教练。驻训教练负责驻训项目的计划制订与执行管理，包括但不限于与基地负责人沟通时间、工作内容和前期准备情况，了解内容安排、学员名单、所需物料等；负责指导学员进行学习内容的实战演练,组织驻训师及学员开展驻训阶段性复盘；负责纪律管理，包括学员考勤、点名、学员纪律维护；负责辅导驻训师及学员完成驻训课程，对每位学员的学习情况进行跟踪、点评，对学员的分数进行统计、评优；负责整理驻训资料，包括驻训照片、视频的拍摄和整理，学员学习报告、实战方案等的收集整理；负责项目总结复盘；负责跟进驻训项目实施后的落地执行情况，预估实施后3～6个月内的执行效果。

（3）驻训基地人员奖励。

驻训项目组织方应对承接驻训工作的基地讲师、驻训教练给予相应的课酬激励，课酬标准应根据驻训基地等级或讲师、教练的内训师等级，按"就高不就低"的原则执行。

4. 驻训实施

根据店长驻训的方式和参训人员的类型，可设置集团、省、市三级店长驻训基地。其中，集团级驻训基地偏重于提升各省驻训教练、精英店长的基础能力及专项能力；省级驻训基地偏重于中大型门店店长和储备店长的培养，如1～3级厅、区县中心厅的储备店长，或由社区店提拔到中心厅的店长；地市级驻训基地偏重于中小型门店店长和储备店长的培养。

因此，驻训课程的设置需要理论与厅店实操相结合，训产方面的课程要结合生产实际，内容要与理论课程相对应，厅店驻训阶段的参训人员需深度参与店面具体工作。在驻训的过程中应阶段性开展复盘，参训人员对学习的内容及时总结回顾，对标自己所在厅店，针对短板问题制订改进提升方案与行动计划，确保先进的厅店运营管理理念、经验和成果有效落地。具体要求如下。

第一，集团级驻训。驻训方式以面授+观摩+实操+经验交流+研讨为主，基础课程包括但不限于团队管理、销售组织、智慧营业厅运营、现场管理等，同时，根据需要设置泛渠道、异业联盟、行业发展趋势、领导力、教练技术等重点课程。集团级驻训的总驻训时长约一周左右（可连续也可分阶段）。

第二，省级驻训。驻训方式以面授+实操+研讨为主，基础课程包括但不限于门店诊断、炒店活动组织、动线管理、现场管理、团队管理、销售组织、投诉处理、服务管理、终端管理（进销存）等。个性化的重点课程由省公司自行安排。

第三，地市级驻训。驻训方式以面授+实操为主，驻训课程由省、市公司自行安排。

5. 驻训教学方式

一个典型的驻训项目的实施时间为一周左右。为了达到最优的驻训效果，项目必须综合利用多种学习方式去促发学员进行思考与动手操作。在一周内，项目需要一个专门的驻训团队随时关注学员状态、给出教学指引、评估教学效果。驻训流程可参考下图9-3。

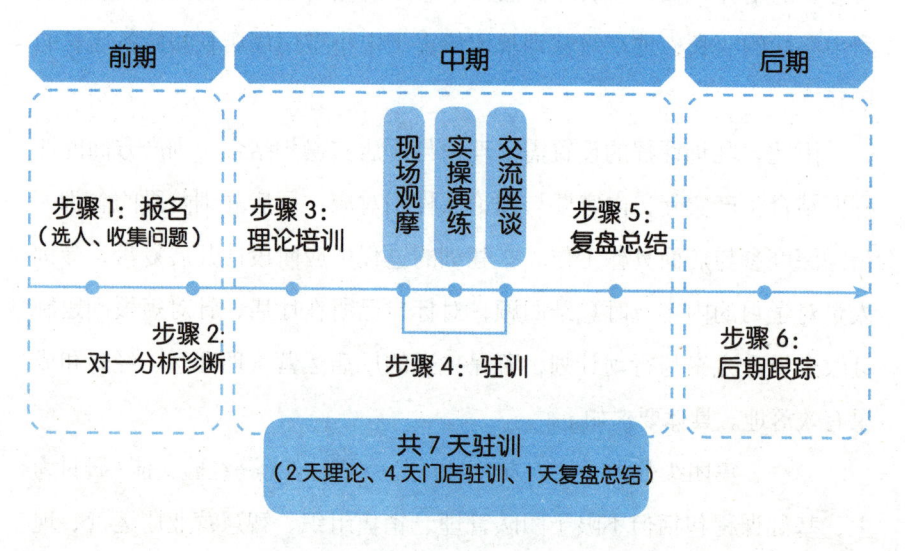

前期
- 步骤1：报名（选人、收集问题）
- 步骤2：一对一分析诊断

中期
- 步骤3：理论培训
- 步骤4：驻训（现场观摩、实操演练、交流座谈）

后期
- 步骤5：复盘总结
- 步骤6：后期跟踪

共7天驻训
（2天理论、4天门店驻训、1天复盘总结）

图9-3 驻训流程参考图

一般而言，驻训团队由驻训基地负责人、驻训师、驻训教练三种角色组成，三种角色可以兼任。常见的驻训教学活动主要包括理论培训、门店实操以及辅助教学活动。

（1）理论培训。

理论培训需要聚焦店长当前的问题和需求，内容包括团队管理、销售组织、智慧营业厅运营、现场管理等。

一期驻训项目可选取2~4门课程，并可根据本省、本市公司情况确定自选课程，培训时间一般为2天。

驻训10门标准课程，具体如下表所示。

表9-1 驻训的10门标准课程

现场管理	项目内容
销售管理	线下活动组织
	线上活动组织
	存量客户维系
团队管理	绩效管理
	人员激励
	团队文化建设
现场管理	巡店管理
	现场投诉处理
	例会管理
智慧营业厅运营	含智慧营业厅规范解读、体验服务营销流程等

(2)门店实操。

门店实际观摩和操作是驻训项目的核心环节。驻训项目需要针对厅店管理的各个方面，组织学员分模块、分时段，通过现场观摩、实操演练、沟通座谈等形式驻厅学习，最终提交驻训报告。

学员在厅店学习期间，应根据驻训手册完成各模块的学习。

驻训教练根据学员的现场表现进行考评。一般每个厅店安排一位驻训教练，驻训教练要管控驻训项目的整体实施，辅导学员完成驻训项目任务，对学员总体表现给予评价。为确保驻训效果，驻训教练必须保证学员在理论培训中学什么，就在门店驻训中练什么，避免学习与实践的脱节，避免实践与评估的脱节。厅店驻训过程中，驻训教练必须组织学员每天进行学习反思、提炼总结，并就课题的实施情况进行阶段性总结和跟踪优化。

(3)辅助教学活动。

在驻训活动中，学员一般来自不同区域，让学员参加一些辅助教学活动，如组织相关的交流讨论、参观行业外的标杆门店，可以快速增长学员的见识，帮助学员触类旁通，更深刻地理解驻训的主题内容。常见的辅助教学活动有以下几种。

第一，经验分享：邀请参与的店长分享关于所学习的课题的管理经验案例，促进学员交流分享。

第二，交流座谈：收集学员在驻训课题外关于门店运营还想深入了解的难点问题，以问题收集、问题回答的字条答疑形式，充分调动学员们交流互动，答疑解惑；再集中选取其中的2~3个难点主题开展深入交流。

第三，行业外门店参观：组织学员参观行业内外知名零售门店（如苹果、话机世界或宜家），拓宽视野，创新思维，要求学员总结该门店运营管理中的优势做法与可借鉴内容，聚焦在与现有门店管理的差距上，仔细体会与思考，并把学员的想法记录在驻训报告中。

6. 驻训前流程指南

某集团店长驻训前的流程里包括驻训学员选拔与评估这一项，选拔参训学员需遵循流程化、标准化的原则，规范地进行选拔。

驻训项目参与对象包括在岗店长、专业主管、或有志于店长的储备店长等。对驻训学员的选拔既要有针对性，又要有广泛性；既面向有经验的在岗人员，又需要形成人才梯队。参与对象的类型可分为：现有店长，指现有的按照集团规范、小CEO规范聘任的各级店长；储备店长，指在营业系列中从事生产经营工作的在岗人员，如副店长、储备店长；专业主管，指在省、市公司从事自有厅、专营厅管理的专业主管；其他有意向、有潜质成为卓越店长的人员。

我们建议，参加驻训的意向学员选拔按照报名、审核、训前评估、报告、参训准备四个流程开展。

符合参训要求的学员，根据主办方发布的培训通知的具体要求，提交报名表与需求调查表，填写个人相关信息与工作经历、培训需求、培训经历等。表格示例如下。

表 9-2　培训报名及需求调查表

培训对象情况	姓名	
	所属省市	
	最高学历	
	用工性质	
	厅店名称及职务	
	厅店概述	
	工作经历	

(续表)

	需求培训课题（项目）	可填写多项
培训需求概述	选择上述培训课题的原因是什么？（详细描述）	
	此次培训（项目）的目的（目标）是什么？（详细描述）	
	通过本次培训解决的问题是什么？（描述）	
过去两年参加过的培训	培训课程有哪些及组织单位是哪些？	
分公司对本次培训课程（项目）的要求是什么？（请描述）		
其他建议		

主办方根据省内意向学员的报名情况，对其工作经历及业绩、工作能力、需求匹配等方面予以综合考评与筛选，确定名单并经审核后予以最终确定。

7. 驻训人员训前评估

在学员提交报名及需求表后，主办方需要对参训学员给予训前评估，一是对于学员能力短板进行档案记录，便于后续培训效果的比对；二是为学员制订个性化学习指导方案，便于后续培训过程的实施。

主办方（或委托培训咨询机构）对所有参训学员输出一对一的训前评估报告，通过问卷调查、电话访谈等方式，对学员培训需求与实际培训内容、学员工作潜力与实际培训目标提前进行匹配，并为训中与训后评估提供基础性资料。报告示例如下。

表9-3 学员个性化分析诊断报告

姓名	
省市	
厅店	
★学员性格特点	
★学习意愿及动机	
★门店运营的长处	
★门店运营的短板	
★培训的需求	
★主管的评价及期望	
学员个性化学习指导方案	

学员需结合训前评估报告与当期培训要求，在参训前做好相关准备，包括所在厅店情况、个性化提升需求等。

我们建议选择现有业绩良好、对企业忠诚度高、对门店管理工作有困惑和思考的学员进入驻训项目。学员应该带着要解决的问题进入驻训班，带着改进计划回到工作。

8. 驻训中关键点

驻训是学习、观察、操作、评估高度融合的培训方式。整个驻训期间，学员需要按照学什么—看什么—练什么—考什么前后贯通的方式进行行动式学习。

驻训实施过程中，驻训教练需要以店为单位，实时关注每一名学员的学习进度。其中重点工作有以下几点。

第一，引导学员发现问题：以启发式提问为主，引导学员更加清晰地描述自身店面需要解决的问题。

第二，寻找驻训店内资源：根据单个学员需要解决的问题，寻找驻训店面中对相关工作最为熟悉的主管（一般为驻训师），帮助学员与其结对，澄清二者对于具体问题的定义。

第三，评估店面辅导过程：对于店面中驻训师与学员的交流、对话与演练，驻训教练应抽样跟踪，评估教学质量，确保学员的理解程度。

第四，调整店面学习安排：对于学员未能充分掌握的专题，驻训教练应以增加演练、调换驻训师、个别辅导的方式进行解决。

在店面实操过程中，驻训教练应完成的工作包括以下几点（以线下活动组织这一主题为例）。

第一，引导学员向相关店面主管进行如下询问。

* 了解门店一般选择什么时候组织炒店活动，为什么选择这些时间点；

* 了解炒店活动在什么区域、什么位置进行，为什么选择这些位置；

* 了解门店炒店活动会如何设计活动主题、如何进行产品包装；

* 了解门店会如何针对主推产品设计宣传口号；

* 了解门店在联合异业促销方面的思路和经验；

* 了解门店一次活动会准备哪些物料、谁来负责准备、什么时候准备；

* 了解门店活动前会通过哪些方式开展预热、谁来负责预热、什么时候开始预热；

* 了解门店活动前如何进行人员分工和培训、培训什么内容、什么时候培训；

* 了解活动当天门店是通过什么方式开展引流的；

★ 了解活动当天门店是如何保证现场人气的；

★ 了解活动现场门店是如何把进店客流转化为销售客流的；

★ 了解活动当天门店一般会组织哪些聚人活动或体验活动。

第二，观察驻训师与学员在促销现场的交流与学员的动作，确保学员能够理解如下问题的答案。

★ 门店活动如何进行人员分工和活动前培训、培训什么内容、什么时候培训；

★ 活动当天门店是通过什么方式开展引流的；

★ 活动当天门店是如何保证现场人气的；

★ 活动现场门店是如何把进店客流转化为销售客流的；

★ 活动当天门店一般会组织哪些聚人活动或体验活动。

在不影响驻训店面营业的前提下，驻训教练应主动协调店面分工，由驻训学员承担引流入店、业务培训、客流转化等工作中的一个，时间一般不低于1小时，以此观察学员的真实掌握程度。

第三，在实操结束后，驻训教练需要引导学员深层次思考以下问题。

★ 驻训门店的炒店活动组织工作有哪些方面做得好？

★ 为什么这么说（为什么认为好，依据是什么）？

★ 驻训门店目前有哪些方面还可以改进？

★ 为什么这么说（为什么认为不足，依据是什么）？

★ 在自己的店面内能否这么做？自己打算怎么做？

驻训的意义不是让学员简单复制做法。驻训教练必须确保学员对于驻训店面做法不仅知其然，而且知其所以然。只有这样，学员才能把看到、练到的做法内化为自身能力。

9. 驻训成果输出

在驻训的过程中适当增加课题研讨环节，让参训人员分享交流经验，输出研讨成果。

集团级店长驻训偏重于驻训教练及精英店长的能力提升，学员需结合驻训期间学习的内容制订自己所在厅店的短板改进提升方案及行动计划，并对驻训厅提出合理化建议，使参训人员在厅店运营管理方面能够更上一个台阶。

省级店长驻训偏重于进阶店长的培养以及1～3级厅店等大型厅店的储备店长的培养，课程需要紧密结合实践，更多地注重大店管理经验和能力的培养，使参训人员能够在驻训过程中学习到如何管理一个大店，并输出管理心得和课题研讨成果。

地市级店长驻训偏重于储备店长的培养，理论授课阶段的课程应包括店长基本工作职责与要求、厅店销售与服务技巧、现场处理和团队管理能力等学习内容，使参训人员能够比较系统全面地学习厅店运营管理的基础知识。

10. 驻训后跟踪评估指南

驻训结束后，主办方应对各地参训人员回去后的业绩提升情况进行跟踪，对参训人员的行动计划进行跟踪，指导督促参训人员按照改进提升方案对所在厅店短板工作进行优化，确保驻训效果。

学员在返回实际工作岗位前，需要填写工作改进计划，详细列出如何应用新掌握的技能,工作改进计划参考表格如下。

表 9-4　工作改进计划表

驻训内容运用时间及日期	驻训学习内容	改进措施 1. 需按步骤详细说明 2. 可建议利用哪些资源 3. 可说明有什么受限因素	达到目标需列出可量化的目标	之前运用存在的问题	学习运用情况举证
<center>训后学习内容运用规划</center>					
第一项　月　日					
第二项　月　日					
第三项　月　日					
第四项　月　日					
第五项　月　日					
第六项　月　日					

训后跟踪内容包含业绩销量变化、训后行为变化、其他变化三部分,如下表。

表 9-5　学员训后跟踪表

学员信息	学员姓名
	省份
	地市
	岗位
	联系方式

（续表）

门店信息	所在门店/驻训门店
	渠道视图编码
	门店级别
	门店描述
业绩变化	重点业务发展变化量
	进店转化率、成交率等变化
行为变化	学习后运用情况
其他变化	岗位发生变化
	晋升情况跟踪

其中，业绩销售跟踪可以采用系统取数的方法，以月为单位跟踪学员所在门店的销量情况；行为变化跟踪可以采用一对一的学员跟踪回访机制，采用任务型指引的方法，协助学员拟定训后运用计划，并根据计划监督、跟踪、指导学员的运用情况，在这个过程中提供前后运用情况的对比图片、运用的案例等实证。

参训人员在培训后由教练对学员1~3个月内的工作情况进行后期评估。通过店长驻训的学员，在店长竞聘中优先考虑。

第二节 A集团区域联训实战

以下是世界500强企业A集团某员工参加该集团组织的线上数字化联

训后写下的记录。在这次联训中，A集团从项目整体设计、师课同建、项目实施、战区社群精细化运营等方面实现了此次实战。该员工对这次联训实战进行了高质量的复盘。

A集团公众市场一直是A集团面向全球家庭客户的第一道门面，也是接触用户开展销售和服务的战场。作为A集团的企业大学——A集团学院承担了全集团教学研究、教学服务及人才发展的重任。近年来，受疫情影响，企业传统培训面临着巨大挑战，线下集中面授培训被禁止，实战类培训被取消。所以，A集团学院的培训急需转移到线上来进行，这是势，更是道。通过调研集团业务专家和省市公司，A集团学院发现渠道销售队伍能否快速理解、适应、做好线上线下的协同营销，在助力业务发展和客户服务方面有着重大意义。因此，快速组建覆盖全国的具有线上线下融合销售能力的一线销售队伍显得至关重要。

在这样的背景下，A集团发起"破茧2020——数字化营销实战项目"，探索线上线下相结合的实战培训模式，为销售队伍注入线上营销概念和思考，通过培训帮助全国地市公司组建线上线下协同营销作战队伍。所以以终为始，A集团从能力提升、课程内化、师资培养三个方面定下目标：提升一批营销队伍的线上线下实战能力，开发一门适合A集团的线上线下营销课程，培养一支能持续赋能的内训师队伍，全面助推公众市场营销数字化。

1. 项目整体设计

在项目的整体设计上，项目组首先需要克服两个核心问题：一是全国规模的线上培训的组织形式，二是如何保证线上培训的效果和行为转化。项目组经过研讨碰撞，吸收内外部经验，最终确定通过集团、省、市三级联动的方式，紧密结合数字化主题，聚焦一线专家网红和内训师两支队伍培养，赋能、使能双管齐下，从培训穿透设计、学习体验设计、平台支持设计等三个方面，重点展开。

（1）三级联动穿透一线。

通过集团、省公司、本地网销售骨干和运营管理者的组队联动，向一线门店赋能穿透，用数字化的手段，通过培训组织的设计，确保在线大规模实战实训的有序进行。培训组织方要保证培训到绩效的转化，需关注以下三个层面。

第一个层面是集团层面，关注整体学习设计。在培训组织开始阶段，集团就关注培训节奏的安排。线上学习和面授学习的底层逻辑，虽然都是通过讲师的培训技术和技巧来提高学员的学习效率，但是在开展形式上存在着差异。客观来讲，线上学习有着一定的局限性，对于人际互动较强、基于经验教学的学习课程而言，学员面对屏幕，学习体验总是会大打折扣。与此同时，线上学习的优势和局限性一样明显，就是教学规模大和能快速覆盖到生产第一线，能解决培训"上热中温下凉"的顽疾，直接到落地经验这一步，解决培训的"最后一公里"的问题。

在认识到这样的差异后，集团从整体设计上，需要考虑和关注这样几个要素，第一是克服工学矛盾，线上学习很难像线下面授那样做到完全脱产，因此在前期需要和相关参与方充分沟通，将生产节奏和培训安排有机结合；第二是创新学习设计，所学即所用，通过培训流程的设计，将学习内容快速灵活应用，在实践中形成知识的转化；第三是确保培训的真实性，本项目为实战项目，要求参训学员和实战门店提前上报基础数据，并在整个过程中持续跟进；第四是调动省市的积极性，引入PK机制，分层分类PK，整体设计层面就考虑各层级参与的积极性。

第二个层面是省公司层面，要充分发挥领队的组织价值。和个人的知识付费不同，企业内的组织学习实际是由企业支付了时间、金钱等成本。然而，企业想要充分获取培训的价值，绝不仅仅是简单投入以上资源就能做到的，还需要充分发挥企业的组织优势。A集团要求省公司的以下几类角色必须参与本项目，一是业务负责人，通常来自业务部门的主管，熟悉业务方向，关注培训内容与本省实际情况的结合应用；二是培训负责人，通常是省内专业条线的培训主管，负责承接集团项目在本省的实施和运营；三是本省辅导老师，通常是本省的骨干内训师，负责本省内培训内容的辅导和进一步学习。以上几类角色是线上培训在省内能充分发挥价值，能确保培训效果的中坚力量，缺一不可。

第三个层面是地市一线层面，要充分调动学员的参与积极性，提高学员的参与度。作为直接参训方，地市公司需要为学员的有效参与提供必要条件。就本项目而言，地市公司主要从这几个方面来尝试保障，一是以行政手段确保参训时间和过程无误，鼓励学员在本地集中参训；二是确保学员的学习环境满足要求，本项目为实战培训，对于实战环境、必要硬件、所使用的平台等，在项目准备期间就要提前发布清单，进行筹备。

本项目以各级主管作为运营支撑力量、各级内训师作为赋能师资队伍、本地网总监+店长+直播网红作为营销活动实施团队，让培训收益直达一线。

全国一盘棋，集团按照市场环境和地理位置划分全国七大战区，共31省、362支本地网队伍，1 200多人共同参训、同步学习、在线直播营销实战PK，共同打造数字化营销组合团队，形成合力，提升线上线下融合销售能力。

（2）学习体验一体化设计。

在传统面授培训中，讲师可以面对面看到学员的表情和反馈，而相较线下集中培训，远程培训模式的节奏感和仪式感都相对更弱，从而影响学习效果。如何有效管理学员全程的参与度，成了培训组织的难题。

从根本上来说，参与度的高低取决于学习体验的好坏，因此需要对学员的参与过程、参与场景、学习心态进行有效管理，让他们有感知、有体验、有参与。在学习体验设计上，集团应关注以下几点。

一是学习平台的选择。线上培训时，因为学员所处的环境很难预测，所以从学习体验的角度来讲，学习的便利性大于一切，每多一步操作，都会阻挡一部分人的学习脚步。因此平台的选择要求界面尽可能简单友好，尽可能基于用户已有的平台资源。在海量的学习平台中，本项目选择了A集团智慧学习平台，不需要学员另外下载APP，只要学员有微信就能快速参与，同时满足电脑端和手机端的学习需求。在此基础上，集团需要做好学习通知提醒，将学习安排、学习方式、学习链接等及时告知学员，如在早晨告知当天安排，在相应时间点前30分钟、前5分钟分别予以提醒，让学员可以随时随地一点就学。总之，作为组织方要做的就是尽可能地减少学员参与学习的成本。

二是线上的互动设计。虽然线上学习时讲师无法和学员确认眼神，但是线上学习也绝不仅仅是学员干巴巴地看视频课程，线上也有线上独有的互动手段。本项目主要从两个方面来设计互动形式。第一是对直播授课环节的设计，加入了直播弹幕、引导刷屏、屏幕共享、签到抽奖的互动形式，让学员在讲师授课过程中能持续参与，虽然隔着屏幕，但是情绪线能始终跟着讲师一起走。第二是分战区设计，按照市场形态和地理位置，将学员分为七大战区，建立七个社群，用实战任务驱动代替单项传递；通过群内互动引导，建立学员与学员之间的同伴链接；通过讲师对实战的观察、辅导和反馈，建立学员与讲师之间的信任链接；通过学员提问题、晒笔记、心得分享等方式，建立学员和内容之间的链接；通过分层的积分榜排名、班主任的播报引导，在群内形成比学赶帮超的氛围。

三是统一的视觉设计。项目通过整体统一的视觉主题设计，用海报、长图文、视频等多种手段来宣传项目进展、回顾知识点、分享精彩瞬间，记录参训学员学习的点点滴滴。

线上学习贵在运营的精益求精，每个运营环节都会让学员感受到持续的温度，在整个项目期间，在线上形成虽身处全国各地，却又"天涯共此时"的充满仪式感的学习体验。

（3）数字平台智慧支撑。

线上直播和社群式的培训要保证效果，就需要充分捕捉学员的学习状态，那么，对学习全过程做出量化反馈就成为了难题。反馈的核心是什么？数据！通过数据，集团可以记录、观察、分析、识别和挖掘学员的学习状态，进而去发现成人学习背后的需求、动机、目的、规律和问题，从而提升线上学习的有效性。通过技术手段，集团可以非常方便地寻找想要的数据，而对于培训来说，更大的难点在于，应该关注哪些数据？就本项目而言，通过选择数字平台的支撑，集团重点关注以下这些数据。

一是组织学习数据。集团可以获取全部学员的学习数据，包括每个学员的学习时长、线上学习的并发量波动、互动密度波动等数据。从这些数据背后，集团可以知道对于学习内容的真实反馈，比如学习时长和内容质量的强相关、并发量和培训组织有效性的关系、互动的密度和学员共同关注点的关联等。基于对这些数据的分析，集团将重点内容形成相关Q&A，作为视频学习的重要补充，在社群内做进一步的学习传播。

二是地市参训门店业务数据。比对学员学习数据、开展实战的数据和门店的实际业务数据，集团可以清晰地看到地市层面的学员从知识学习到行为转化，再到业绩转化之间的清晰路径。通过这类数据，辅导老师可以对不同的参训团队给予针对性的辅导改进建议，让远程培训同样具有针对性。

三是学员的个人业务数据。培训的转化效果，最终会落到每个学员的销售动作和销售结果上。通过关注个人业务数据，集团可以找到两头的典型学员，从绩优者中挖掘经验，并在项目中做专题分享，让远程的学习有更生动的案例；从绩差者中寻找障碍，辅导老师给学员做专题的指导，规避相关问题。

对数据的获取，不同企业可以有不同的技术手段，但是关注的数据纬度是相同的。本项目中，A集团网上大学搭建了实时直播、线上培训班、线上知识库的立体智慧学习平台，将自主线上学习和集中线上直播相结合，实现了学习效果的数字化、可视化；基于线上"培推"系统，实现了穿透到门店的实战数据分析能力，实时掌控门店实战进展，即时管控；基于智慧生活服务管家系统，到店到人地跟进每一个实战学员的销售动作，掌握实战效果，快速切入辅导。

2. 师课同建

（1）三位一体精选内容。

内容设计分三大模块。

战略先导，统一思想：集团全渠道销售体系战略。

趋势解读，统一认知：新基建背景下的行业趋势解读。

道法术器，统一战法：运营商直播带货战术打法。

面向一线实战队伍，精心设计学习内容，以渠道数字化销售能力提升为目标，在理论模块厘清线上网红运营的逻辑，将直播、短视频、表达力三方面内容有机融合，成体系地提升直播能力。

（2）课程师资专业化赋能。

组建集团级开发团队和战区、31省骨干辅导教练的立体团队，内训师训前线上集中赋能集训，结合前期各省优化课程，在实战时从各战区输入优秀实战案例，优化一线最佳实践。形成最新、最接地气的课程，并选择一批能授课能实战的内训师，在企业内组建招之能训、训之能战的内训师队伍。

3. 项目实施

在整个实施环节，项目团队的分工运营至关重要。项目成员分成了几个团队，明确工作职责打配合。项目总负责人做总牵头和统筹；运营官负责整体设计、运营策划和社群宣发；内容官引入企业行业内外优质师资；各战区群内，班主任团队负责分群班务管理和标准化运营，内训师负责辅助性指导和经验内化，实战教练则负责实战指导和点评复盘。

整个项目团队有总统筹、总策划、总调度，有运营执行，有助学陪练的辅训师资，确保各片区大群、省市小群同步学习、同步实战，规定动作不走样，确保线上千人级社群运营时咨询有反馈、疑问有回应，每个团队都得到帮扶，每位学员都得到关注。

4. 战区社群精细化运营

对于千人规模的线上培训，参训学员的投入度直接影响到学习效果。本项目引入分级社群运营机制，项目组建立并运营各战区社群，通过PK机制促进战区内学习交流、实战比拼；各省份渠道专业主管担任领队，集结本省参训社群，结合本省市场环境和相关业务研讨策划本省直播方案，并促进本省内部实战PK；各参训地市公司则由总监成立地市社群，由本地渠道主管领队，给予参训学员资源支撑和本地深度复盘指导。通过多层次的社群运营，本项目在点、线、面上做到了有力管控，确保了千人规模的线上培训口令一致、步调一致，在直播营销实战中形成规模矩阵，同时段全国开播同频共振。

第十章

经营单元诊训实战

经营单元化指的是企业组织以经营单元的方式重新定义企业经营，将"以客户为中心"真正落到实处，从而重新设计组织架构、构建组织形态与功能。只有内部存在多个有着外部客户且有着明确经济价值的团队时，企业才能在瞬息万变的市场中存活下去。因此，经营单元诊训就是让数字化训战的学员下沉到企业面向客户的单元（如门店）中去，通过响应和对接客户的需求，提炼能提高组织效率的关键因素，从而形成一套新的经营逻辑和经营理念。本章将从门店这个经营单元诊训入手，带领学员开启实战。

第一节　经营单元诊训实战之炒店

1. 什么是炒店

关于什么是炒店，我们可以从以下五方面分别进行回答。

第一，从目的性来说，炒店是以提升销量为目的的，而非单纯地做品牌宣传，因此在活动的组织方面需统筹考虑。

第二，从针对性来说，每个门店的区域特点、周围消费者的类型、资源投入、人员配备等情况存在差异，要制定"一店一案"的炒店方案。

第三，从多样性来说，炒店要根据时节、热点事件、主推活动及销售情况的变化，不断转变和增加展现形式。

第四，从自发性来说，前期部门统一组织的炒店活动要转变成各门店自发的、常态化的活动，节日、周末等时节要持续开展，提升销量，聚集人气。

第五，从创新性来说，炒店要在形式和内容上有所创新，才能长期吸引用户眼球，刺激用户购买欲望，提高门店的知名度，形成口碑效应，从而达到销售持续提升。

2. 炒店的种类

炒店的种类有很多，较为常见的有节假日炒店、工作日炒店、新开厅炒店三大类。

（1）节假日炒店。

节假日炒店属大中型炒店，是较为常见的一种炒店形式。一般来说，在节假日的时候，人流量会较平时大，人们也有更强的消费意愿，在这个时候进行炒店，更容易提升销售额。

节假日炒店一般会统一主题、统一预热，多店联合开展，店内店外联合开展。门店一般会在店外搭建帐篷或开展路演吸引人气，店内同步开展宣传并进行具体的业务办理。

（2）工作日炒店。

工作日炒店属小型炒店。门店主要在店内开展体验有礼、买产品赠礼品等活动，通过前期预热及店门口发放海报等形式吸引顾客进店。

（3）新开厅炒店。

新开厅炒店的活动大小视情况而定，重点在于通过前期在周边的渗透预热来宣传开店优惠等信息，并且要在新开业当天至一周内进行直降、买赠、进店有礼等活动，迅速提升店面人气。

3. 炒店的误区与关键要素

（1）炒店的误区和问题。

在炒店时，我们经常会遇到这样的误区和问题。

"无路演不会炒店"，有些门店只会通过路演来引流，忽略了路演成本高、组织复杂等现实问题。

"无新产品包装不会炒店"，有些门店在没有新的产品包装时，不知道从什么地方开始炒店，其实可以通过在现有产品上提炼一句话卖点，或附赠礼品等方式来提高销售业绩。

"炒店等于传统周末促销"，这属于没有理解炒店的操作内涵，没有把人流转变为客流、销售量。

"炒店无人气"，很多门店摆了帐篷、放了音响，但没有人气，因为没有进行有效预热。

"炒店有人气无销量"，很多店的人气很好，但是却没有销量，这是因为销售环节与互动体验环节没有衔接好，没有做有效的销售跟进。

（2）炒店"四流三率"。

因此，在炒店时，门店要注意做到"四流三率"。"四流三率"是基于数字化销售的门店诊断模型，其中四流指的是人流、客流、销售流、现金流，三率指的是人流到客流的转化率、客流到销售流的转化率、销量流到现金流的转化率。

在传统门店中，人流的决定因素为选址，选址的本质是用租金购买人流量。客流的决定因素为门头、海报、电子屏、跑马屏、音响等，增加客流的方式有上街拉顾客、单页海报、外呼、内购会等。

在新型的线上店面中，人流的决定因素是线上公域流量，即用户的注意力。数字化训战能够帮助线上店面增加线上展陈次数、App或社交软件的私域流量（如前面的社群吸粉）等。

传统门店销售流的决定因素为营业员、销售品、销售对象，提高销售流的方式主要是在内展陈时优化销售动线（如宜家动线）和产品陈列等。

数字化训战增加了线上触达、线上互动话术准备的方法，使销售员能准确切入销售流。销售流的决定因素是产品包装等，销售策略能够影响一个店面的业绩。

4. 炒店的七步曲

炒店可以分为市场调研、营销策划、物料准备、宣传预热、培训激励、现场执行、炒店总结七步。

（1）市场调研。

按照场所的不同，市场调研又分门店内调研和门店外调研。门店内调研主要关注结构布局、门店销量、经营品种、营业时间、组织结构、促销资源等要素。这些要素包含的关注点如下表所示。

表 10-1　门店内调研各要素关注点

序号	要素	关注点
1	结构布局	关注店面整体布局和客户动线（可制作客户动线图，依据动线图选择最佳陈列位置和促销点）
2	门店销量	关注门店前期销售数据和各项指标完成情况（借此了解现有团队销售能力及强项和弱项）

(续表)

序号	要素	关注点
3	经营品种	关注店面销售的商品的价格和备货情况，包括终端类型、可办理的业务类型、其他附件类商品等
4	营业时间	关注营业时间是否合理，人力资源是否有效利用
5	组织结构	关注门店的人员构成、排班情况、团队建设、绩效考核、物资管理等
6	促销资源	充分了解可以利用的有效门店资源

门店外调研主要关注覆盖范围、周边人口、行政管理、人流走向、消费能力等要素。这些要素包含的关注点如下表所示。

表 10-2　门店外调研各要素关注点

序号	要素	关注点
1	覆盖范围	覆盖范围有多大，在此范围内的促销活动是否会给门店产品的销量带来更好的促进效果
2	周边人口	人口的密集程度和消费能力
3	行政管理	是否便于在户外实施促销活动等
4	人流走向	关注人流的动向
5	消费能力	门店周边人流的消费习惯、日常活动、近期周边热点事件等

（2）营销策划。

炒店，就是将店面及厂商的资源进行有效整合后，通过场面渲染、气氛营造等传播手段，让消费者感受到火热的销售氛围，从而促使其购买产品及服务的促销活动。可以这样说，炒店等于把店铺炒"热"。

炒店的营销方法有很多，如震撼低价、剪角优惠券、附送赠品、现金返还、购满即送、凭证优惠、第二件半价、套装优惠、加量不加价、集点换物、买就送、公关赞助、独家优惠、抽奖模式、超值换购、免费试用、竞技活动、有奖竞赛、竞价拍卖、会员营销、客夸有奖、互动游戏等。

（3）物料准备。

炒店时要准备的物料很多，大致说来，有物料LED、单页海报、展架、堆头、条幅、吊旗、帐篷、礼品等。各种物料在准备时的注意事项如下表所示。

表10-3 各种物料准备注意事项

序号	物料种类	注意事项
1	LED	文字不宜过多 把握关键词的运用 最多不超过三条广告语 滚动时间不宜过快
2	宣传单页	宣传单页要有突出的主题，主题的内容要通俗易懂，要有阶段性、有针对性，如结合教师节、店庆等节日 通过在单页醒目位置印制"免费抽奖""进店抽奖"等内容（或雕刻类似内容的印章提前盖在单页上），提高顾客的参与度 在单页背面或下边添加用户资料收集表或订单表，注明"填写订单更多优惠"，以此找准顾客 在单页上印刷代金券、礼品券等内容，帮你找到目标顾客 单页上要提前印好联系方式或空出位置写上联系方式
3	展架	摆放在醒目位置，起到宣传作用 配合店内堆头进行摆放，改变客户动线 切忌多种产品的展架在同一区域内混搭 配合户外帐篷、堆头进行摆放，进行造势宣传

（续表）

序号	物料种类	注意事项
4	堆头	只放一个品牌或同一包装的产品 摆放位置要显眼 可摆放成生动造型 配合POP海报进行说明
5	条幅	条幅的色彩应是红底黄字 文字内容紧扣主题，突出重点 悬挂位置应在门口门楣上或内厅形象墙上方的突出位置 条幅前不得有遮挡物
6	吊旗	吊旗悬挂要求在5米外，眼睛向上15度角的位置，依然能清晰看到上面的文字 吊旗上的文字不宜过多，突出主题 吊旗色彩要与店面整体颜色相呼应
7	帐篷	活动投放的户外帐篷不少于两项 摆放在离店面外的马路最近的位置 提前做好活动相关主题的条幅，悬挂在帐篷上 根据活动当天户外阳光的角度来调整展示桌的摆放位置
8	礼品	尽量选择带有公司LOGO的物品，可以公司统一定制 选择适合当季的物品，如夏季的太阳伞、小扇子等 选择实用性强的非一次性物品，如不锈钢锅、水壶、自行车等 慎用食品或有安全隐患的物品，如牛奶、饮料、打火机等 销售赠品与抽奖礼品要区分 赠品尽量选择与产品使用相关的物品 抽奖礼品个头要大，要种类丰富

（4）宣传预热。

活动开展之前要进行预热工作，预热工作要做足、做细，此次活动就成功了一半。只有把预热工作做好，有意向的用户才会在活动当天到门店办理业务。活动前一周，门店更换LED宣传广告语，门店店员在个人的微信、微博上进行整体活动的宣传。活动前三天，粘贴自制海报，上门发放单页海报，群发活动短信，做电话营销。活动前一天，准备帐篷音箱，再次发短信提醒，向周边街道行人发放单页海报。

（5）培训激励。

培训激励包括活动当天召开晨会部署安排、午会小结及晚会总结。晨会时，活动当天由活动总负责人（店长）召开全员例会，进行活动部署，会议内容包含本次活动的政策、人员分工、现场布置、关键环节操作的注意事项等具体工作。午会时，负责人根据活动当天上午的现场销售情况及存在的问题，及时对展位、人员分工等做出相关调整。晚会总结时，负责人根据一天的销售情况，做出此次活动的日总结，要求所有店员全部参加并每人总结活动的优点和不足，以保证第二天的活动质量。同时，负责人做好记录并补充到本店的炒店方案中，为以后炒店工作的开展提供积累。

（6）现场执行。

在炒店过程中要调查消费者的反应、社会公众的反应、竞争者的反应；在炒店过程中要监督促销方案的现场执行情况、促销资金和物流的使用情况；在炒店过程中要善用各种管理报表，如考勤表、日报表、物料领用和使用管控表。在炒店后要对目标和方案进行调整，具体表现为目标达成进度追踪、进货数量与进货时间、人力支援的协调与掌握、陈列进度与品质掌握、人员到位的管控、预算执行的考核、销售实绩的掌握、未能达到预期时的备案、超过预期时的因应、竞品反攻的应对等。

（7）炒店总结。

活动前的总结要在炒店开始前半个小时召开，将活动中的政策、分工等进行明确，进一步统一解释口径，形成一句话销售话术。活动中的总结主要分为两次，一次在上午10点至11点之间，一次在下午2点至3点之间。该总结的目的是对活动中实时发现的问题进行及时纠正和改进，不拘泥于具体时间和次数。活动在开展过程中经常会暴露出新问题，要及时召集具体负责人针对问题进行调整，如物品、人员等的实时调配。炒店活动结束后应召集所有参与炒店的人员进行讨论及总结，每人根据自己所负责工作的情况总结经验并提出改进措施。每个活动店面根据活动的实际开展情况，对活动前所制订的一店一案进行改进优化。

5. 炒店的技巧

（1）预热技巧。

炒店的预热方式包括外呼和短信宣传、微信和微博宣传、流动人员举牌宣传、派发单页海报、摆摊宣传等。预热时要从静、动两方面着手：静指的是现场的布置陈列要整洁；动指的是氛围营造，包括服装氛围、颜色氛围、音乐氛围等。

预热时还要注意几个关键点。暖场时间要早：在只有零星客户或行人时，就要开始宣传喊话，吸引早先出来的部分零散客户，形成"暖场"效应，这对吸引即将出现的大量客流有很大帮助。配合分流指引：当人流量较大时，招徕喊话人员应站在人流密集地带，并配合分流指引，将客流引导到厅内或者其他销售区域，自然交接给现场销售人员。喊话激情幽默：宣传喊话时声音要大，要充满激情，语句要入乡随俗、郎朗上口，符合当地的审美习惯，消除顾客心理上的陌生感和距离感，条件允许的情况下可以使用扩音器。配合单页拦截：要在现场准备充足的宣传单页，边喊话边发。

（2）拦截技巧。

第一，散发印有门店名称、地址等信息的宣传单页。前期准备：

依照营销统筹组统一下发的活动VI（视觉品牌形象），提前印制宣传单页，平均每天印制不少于300张以备发放；单页上需印制（或通过盖章、不干胶贴的方式）"进店有礼"之类的活动字样及店面信息，包括店名、电话、地址、地图等；每店每天单页发放人员不少于1人。规定动作：扫楼、扫街、扫市场，即在店面周边半径1000米范围内的社区住宅、热点商超等人口聚集地发放单页；以上"三扫"，每周"一扫"，第一周保证店面所在社区的居民楼各户门前均已投放单页，第二周扫街，第三周扫市场。执行频率：每家店面每天发放3次，每次不少于1小时，每小时发放量不小于100张。

第二，微信LBS搜索周边用户，进行互动有礼活动。前期准备：提前申请注册活动门店的微信账号，在活动的官方微信上及时将活动相关信息用签名的形式显示出来，对本次活动进行全方位宣传；准备参与微信互动的小奖品（建议价值略高于短信和单页受邀用户的礼品）。规定动作：在活动当天，在场地上通过微信查找活动地理位置附近的微信用户，并且邀请这些用户在指定时间内，来活动现场和附近的门店参与活动；所有受邀请的微信用户，均可到现场签到，成功签到后，即可获得纪念品。

第三，海报或手写荧光板宣传。厅外大型广告海报宣传：大面积的广告轰炸，对消费者的视觉产生强烈的冲击力，加深对品牌的印象。店门口小型海报宣传：店门口张贴或摆放小型海报牌，用营销活动海报进行宣传。手写荧光板宣传：店门口或店面玻璃门内摆放手写荧光板，宣传各类服务政策及店内活动。

第四，LED屏及音响宣传。LED屏宣传：在有条件的厅店内，通过LED屏进行宣传。滚动音响宣传：有条件的店面可通过店外音响滚动播放进行宣传。

（3）氛围营造技巧。

第一，礼品摆放技巧。综渠店面大多坐落于社区或商圈内，周围人群比较固定，人们每天路过店面的次数相对较多，可以通过在店门口摆放各类小礼品的方式吸引用户进店，增加与用户接触的机会。礼品的摆放：有条件的店面在店门口摆放折叠桌，桌上展示各类进店礼品、购物赠礼或抽奖礼品，折叠桌需配备桌布，并注意桌子和桌上礼品的固定，必要时可用胶带、双面胶等固定；没有条件的店面可通过在门店橱窗内展示的方法吸引用户。礼品的选择：根据综渠店面周边用户的特点，建议选择生活类用品作为进店礼品和抽奖礼品，具体建议如下表所示。

表10-4 进店礼品和抽奖礼品建议表

建议礼品	礼品说明	礼品用途
毛巾、水杯、牙膏	礼品价值低，但实用，且体积不会过小	进店礼品
长袖、短袖T恤	礼品价值低，可印制广告语，宣传效果好	进店礼品
加湿器	适合冬季干燥环境，价格适中且受欢迎	抽奖礼品
食用油	受社区居民欢迎，体积大，价格适中	抽奖礼品

第二，帐篷摆放技巧。炒店活动使用的户外帐篷不少于一顶，两顶以上最佳。一般帐篷摆放在离店面外马路最近的位置，同时应提前做好活动相关的主题条幅，悬挂在帐篷上，以此吸引用户。如果处于夏季，帐篷内展示桌的摆放也可根据活动当天户外阳光的角度来进行调整。

第三，门店内的气氛布置技巧。可以通过在店内悬挂海报、爆炸贴的方式来烘托活动促销气氛，尤其在厅内显著位置张贴海报，既能烘托气氛，也能起到宣传的作用。

（4）体验与抽奖技巧。

第一，体验技巧。体验用品包括电视、音响、电脑、手机、体感游戏等设备，通过音乐、影片、游戏吸引用户。技巧一：体验的人多时，要控制节奏，要有销售人员对等待体验的人进行活动介绍，并组织游戏竞赛。技巧二：播放影片时，中间插播相应广告，根据广告内容进行有奖问答。技巧三：让用户学习使用产品的一些特殊功能。

第二，抽奖技巧。技巧一：想抽奖的顾客首先要填信息表，有条件的在店内填，填表时销售人员上前演示，并介绍产品；意向用户要想快速下单时（冲动消费期），可先排队，随后由销售人员帮忙办理。技巧二：顾客抽奖信息表不要编写得太简单，要能提高用户感知。技巧三：摊前无人气时，可邀请几名客户排队来引人气。技巧四：店外抽奖，店内领奖（奖品摆店外），可再次演示产品。技巧五：通过让中奖用户照相、喊口号等方式，增加客户在店时长。

（5）路演技巧。

第一，节目不要太多，表演完一个节目后，就要穿插活动介绍、产品介绍或应用体验，一般节目间隔时间不少于10分钟。

第二，应提前与主持人进行沟通，对主持人的业务知识进行培训，在主持时要隔几分钟就重复下活动主题和活动内容。

第三，路演的主要目的是聚集人气，但炒店的主要目的是销售。所以，一旦路演聚集较多人气后，就应该暂停路演，引导客户入厅参与体验。

第四，路演最易陷入"有人气无销量"的误区，一旦发现路演门店出现有人气无销量的情况，必须及时进行总结并对现场安排进行调整。

第二节　经营单元诊训实战之微营销

1. 企业微信的添加路径及操作规范

在回答企业微信添加路径及使用规范之前，我们首先要思考一个问题，有这么多的社交软件，为什么要用企业微信？

答案是企业微信更有助于引流。通过企业微信，我们可以轻松地连接起企业、店员、客户，扩大门店销售半径。我们可以依托企业微信的客户关系管理应用，搭建线上线下运营平台，为门店店员提供直接触达客户的官方途径；同时还可以依托腾讯生态和企业自身的运营系统，为门店引流获客。我们可以依托腾讯生态中的企业微信搭建客户数字化管理与营销平台，以店员为连接点，让企业微信与个人微信互通，让管理随时触达不失联。企业微信可以做到企业级连接、企业级客户留存，店员离职、代理撤销时，客户不流失。

（1）企业微信名片的展示标准。

企业微信头像的图片主体要求为员工个人职业装半身照，小CEO、客户经理统一着工装（建议西服工装），工程师统一着工装，即白色衬衫带衣领，背景统一为白色，照片的左上方显示企业Logo（个人姓名、职务、手机号、二维码等信息涵盖在企业微信的对外个人信息中，头像显示线上个人形象及企业Logo即可）。

企业微信提供电子名片功能。名片目前有五种样式，要求选择统一样式，将形象照设置为与个人照完全一致的照片。

对外信息设置要显示姓名、手机、地址、职务，地址统一写公司详细地址，注意生成名片时先不要设置别名，保存后再进行别名的更改。

员工要保存个人企业微信名片到相册，或者打印出来和工作证放一起，添加客户时使用。

（2）企业微信的添加路径。

根据营销方式和添加场景的不同，企业微信的添加方式也有所不同。一般来说，传统的到店添加较为简单，一般客户到店消费后，店员会引导客户添加微信，在被动等待中迎来客户的再次消费或者直接流失该客户。

而在创新营销的场景中，客户到店消费添加微信后，店员可以通过企业微信加好友送优惠的方法，盘活企业微信中的好友，再通过"导流—分类—推广"的方式达成交易，完成复购。具体的企业微信添加动线图如图10-1所示。

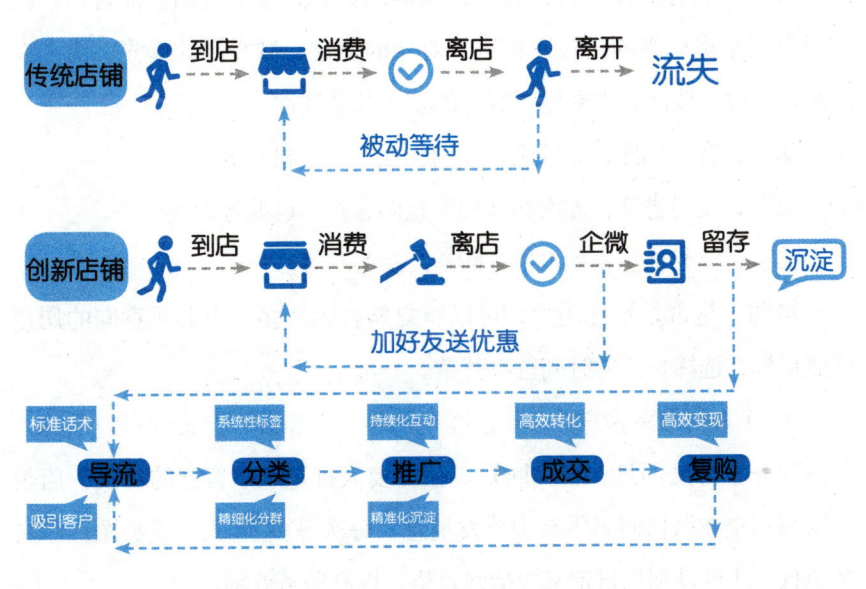

图10-1　企业微信添加动线图

（3）添加客户微信的三种方法。

店员要注意所有进店的客户和线上的客户，只要有意向，都要主动加企业微信。在添加企业微信的时候，有三种方法可供选择。

第一，打开【获取微信好友列表】，直接添加个人微信中的好友。好友将收到你发送的企业微信名片，名片介绍文字需按照规范（个人IP标签＋工作性质）。

第二，直接点击【扫一扫】，扫描客户微信二维码添加，或直接搜索客户手机号码添加。

第三，把企业微信名片发至个人朋友圈，或者直接将企业微信名片发送给微信好友或微信群。

（4）给客户添加合适的标签。

员工添加客户微信后，要设置精确的标签，便于后期精准营销，比如可以对某类标签的用户发布有针对性的信息，减少无效曝光。员工在添加标签时，要注意主要标注客户的以下几个属性。

第一，客户属性，如姓氏、性别、生日、手机号等。

第二，交易进度，如潜在客户、意向客户、已购等。

第三，交易信息，如本次订购的产品名称等。

第四，是否是星标用户，可以将复购行为较多、有购买意向的用户标成星标，选择合适的时间再次营销。

（5）如何维系客户。

第一，群发消息、自动回复。在需要大批量联系客户的时候，店员可以利用企业微信向名下客户群发消息，每次最多200人，支持图片和文字消息；还可以利用自定义快捷回复语，提高服务效率。

第二，点对点沟通。一般情况下员工不要主动打扰客户，但对客户的主动咨询要及时回复；建立客户群（外部群聊），进行一对多或者多对一的社群类营销管理，最多200人。

第三，发布朋友圈。员工可以在客户朋友圈发布专业内容（每天1条），或者由企业统一创建内容，员工发布到客户朋友圈（每月4次），发布成功后，还可与客户评论互动。

第四，针对企业外部客户。点开对话框，输入窗口上方会出现当前设置的一些营销活动，点击发送，可直接发送给客户。

2. 企业微信明星运营的三大思路

（1）打造个人IP。

经常有人在运营企业微信的时候，出现这样的疑问："为什么用户不加我的企业微信？"如果把这个问题直接抛给用户，他们大概会这样回答："他们就是给我推销产品、发广告的，干吗要加啊？""是不是骗子呀？我可不随便加别人微信。""他们家的东西我不喜欢，还一直让我加微信，好烦呀！"

这就提醒了我们，使用企业微信进行运营，并不等于使用微信没完没了地发朋友圈刷屏，也不是时不时地群发消息，更不是玩命"吸粉"，而是要找到属于自己的个人IP，让用户在我们这里找到自己需要的东西。我们要靠IP的魅力吸引用户，而不是用手段强迫别人。

因此，在打造个人IP时，一定要问自己三个问题："这个IP是为谁打造的？打造这个IP有什么价值？我应该如何实现这个价值？"也就是说，打造个人品牌的核心是构建粉丝对个人品牌的信任，让他们知道你、信任你、追随你。这也就是为什么有人说，想清楚了这三个问题，IP也就能打造成功了。

为此，从形式上来说，在打造IP时要为自己设置"五个一"：一个好看的头像；一个真实的名字；一句好记的介绍；一张美观的背景；一个高级的朋友圈。

（2）做好社群运营。

这是一个大家都想做社群的时代，线下门店想做社群，是因为他们想把周边客户拉进群里，持续卖货；传统行业想做社群，是因为他们想把老客户拉进群，贴身服务，传递信息，维护关系；还有些人做社群，是想通过社群来获取一定的流量，即想用社群人带人，低成本获取用户；还有一些销售想通过社群从传统卖货形式转向社群、朋友圈卖货；一些个人做社群，则是想打造社群IP，维护自有粉丝，带货赚钱……每个人都有自己的目的和想法。

然而，当前大多数人做社群运营的现状是这样的：一开始斗志满满地建群，但却很快就陷入了"微信群焦虑"的深渊，不会管理、没人花钱、没人说话、变成客服群、信息爆炸、自导自演、不会运营……

这是因为很多人还在用五年前的方法做社群，只会拉进群，只会做客服，根本不懂做社群运营。有的社群没有维护和运营，无法给群友们一个待下去的理由，有的社群任由广告营销狂轰滥炸，群友纷纷退群，这样的社群最终只会自然衰竭。

事实上，社群运营，是一个非常专业的技术，核心技能涵盖了用户获取、留存、激活、转化的整个流程。我们想要成为优秀的社群运营，做好微信群，可不能只是拉群然后随便发消息。

运营社群时，我们首先要对社群进行定位，即这个社群是做什么用的，是活动群、交流群、销售群，还是核心群。不同的群有不同的建群策略，也有不同的运营重点，相应的，社群寿命也会不一样。各种不同的群的建群策略、运营重点、社群寿命如下表所示。

表 10-5　不同类型社群的运营

社群/项目	建群策略	运营重点	社群寿命	典型案例
活动群	结合发放活动奖品、分销让利等方式激发用户动力，来进行快速裂变建群	活动期间需要重点运营，发送消息频率要高，活动结束时需要立即转化活跃用户	很短，仅在活动期内	全棉时代
交流群	筛选拥有共同兴趣、属性、目的或话题的客户	提供标准化的服务，用心陪聊，树立良好形象	从几个月到几年都有可能，具体需要看用户属性与话题热度的变化	同道雅集
销售群	设置合理的短路径和低门槛，平衡好客户精准度和数量	需要培养用户消费习惯，平衡好活跃度和转化效果	几个月到一年左右，更容易受到运营的影响	名创优品
核心群	一般是小群，人数少，有较高的准入门槛	多对一或多对少服务，与运营私聊环境类似	根据服务周期而定，但用户与品牌间的关系会更长久	珍爱网

不难看出，社群运营需要投入大量的时间和精力，在实际操作中，粉丝是社群运营的核心，因此，运营的很大一部分工作是"花式养粉"，即设计各种各样的活动"讨好"粉丝、"稳住"粉丝。例如，简单直接的红包类游戏，在群里发几个红包，在抢红包的时候发起话题；

又如，小型采访分享活动，用群友的经历激发群成员畅所欲言；还可以做一些猜谜、丢骰子的游戏来活跃群里的气氛。此外，社群联欢会、用机器人玩游戏、歌曲接龙、群表彰大会、节目专题活动等都是花式"养粉"的形式之一。

当一个社群濒临死亡，该如何拯救呢？其实，你永远救不活一个已经死掉的社群，尽量让它不要死，才是最佳解决方案。因此，面对这些"奄奄一息"的社群，我们可以考虑用以下三种方式来延长"寿命"。第一，"输血"，输入至少高于原成员一半的新成员，或从活跃社群内输入核心成员；第二，"促活"，引入社群积分制度，适当使用"末位淘汰"制；第三，"转世"，把用户全部聚合在个人号下，解散僵尸群，分散至各社群或重新建群。

（3）场景。

在前面的章节中，我们对场景已经做了简要的介绍，在销售语境中，场景就是销售发生的背景。我们可以这样简单地理解场景：场景就是Storytelling，就是讲故事。受大脑处理信息的能力的影响，相比抽象化的概念，人们更喜欢故事化的叙述方式。

因此，在销售中，我们经常将场景化营销作为体验式营销的补充。例如，宜家将家具组合起来（也可参照5G智慧生活家），创造一个模拟家庭布置的场景，即使消费者不能亲临现场去试坐、试躺，仍然能够脑补自己身处场景中的感觉。体验式营销是让消费者参与，从而信服；场景化营销是让人自己脑补，自己说服自己。

3. 企业微信的花式变现策略

企业微信的花式变现主要通过"线上+线下"双轮驱动的方式进行。

（1）企业微信直播和小程序直播。

企业微信的线上变现的方式主要是企业微信直播和小程序直播。

企业微信直播的优点在于只要注册企业微信就可以使用，无须开发，并且企业的每个员工都可以使用；缺点是仅仅提供直播互动功能，比较适合直播频率高或每个门店、部门都有直播计划的企业，需要结合社群进行变现。

小程序直播是小程序的一个功能插件，符合申请条件的小程序都可以使用这个插件。小程序直播支持最多50个直播间同时进行直播，但每一天最多进行50场直播，每个直播间最多直播12个小时。例如，在疫情期间，欧莱雅曾经在天虹小程序做过一场在线直播，当日销售额达到208万；此后又追加了几场，三天内，欧莱雅在天虹的线上线下销售总额超过400万，相比同期增长5%，非常难得地在疫情期间实现逆势增长。

（2）线下特卖会。

线下的变现方式很多，如组织亲子互动、黑科技体验、动漫展等主题活动；组织品牌、VIP专属（线上线下同步进行）的特卖会等。在组织特卖会时，要注意做好选品定价策划、做好社群宣传、提前预告、预登记、设置进入门槛、专属导购、分享好友有优惠、线上同步直播、线下参与场景照片及视频、预告下期特卖会彩蛋等环节。

第三节　经营单元诊训实战之现场管理

1. 巡店管理

（1）什么是巡店管理。

在门店的巡店管理中，我们发现了这样的现象：每天都在忙，但是不知道在忙什么，工作没有成效——缺乏岗位职责认知；总在门店现场巡视，但发现不了什么问题——缺乏现场管理的知识、技能；在现场管理中发现了问题，但没有及时跟进或改善——缺乏事务跟进与反馈的能力；门店里挤满了人，大家都在拼命工作，客户总接待不完——缺乏现场客户分流、人员配置能力；客户在门店影响正常营业秩序，值班经理却只是一味忍让——缺乏客户服务的技巧及突发事件应变能力。

而很多巡店的管理人员并不知道，那种"好兄弟、好姐妹，你们看我的"的亲情式的鼓励其实是管理的一种角色错位；夜以继日，不停奔忙，认为忙就是好，搞得自己身心疲惫，使自己陷入工作的漩涡中，是缺少管理的智慧；而双手掐腰，指指点点，教训他人，也不是真正的管理，只是一种不好的官僚习气。因此，我们必须认真思考巡店管理到底是什么，从而完成真正的转变。

巡店可以分为开店巡店、营业中巡店、关门巡店、专题巡店、竞争对手巡店等几种。而巡店的主要目的是了解工作环境、掌握工作内容、学习竞争对手。其中，了解工作环境就是了解门店现在的环境和背景，这有助于明确目标。掌握工作内容就是对工作内容有一个全面的了解，并且知道如何提高工作效率和管理效能。学习竞争对手就是学习对手的优势，缩短与对手的差距。因此，在巡店过程中要深入门店第一线，体验一线员工的辛苦；要定期巡店，多听取顾客的建议；要对发现的问题及时纠正，多实施创新化、差异化方案来提升门店销售业绩。

（2）环境管理。

环境管理的对象是门店里的一切。环境管理能将门店里每一件细小的事情分工到人，能将各项工作精细化，能减轻门店经理的工作压力，同时提高所有营业人员的责任心。下表是在一个门店的环境管理中，需要做的各项事务以及对应的负责人。

表 10-6 门店事务清单

项目	责任人
申请管理电子免填单	
门店办公用品请领	
每日开关演示设备	
自助打印机换纸	
下班后关闭所有电源	
宣传单摆放	
报刊更换	
门店 PC 机维护	
业务通知归档	
排队系统开启、关闭及维护	
饮水机换水、清洁	
管理保安清扫员	
制作海报、手绘图	

环境管理实际上就是做好"表面文章",可以从现场、声音、气味三个角度入手解决。现场指的是,店面的布局是否规范,能否彰显公司品牌形象;地面是否干净无污染,是否有定时清理;宣传资料和海报等是否充足和摆放整齐,促销品如何陈列等。声音指的是,是否有噪音;

营业员语音语调是否合适;电视宣传片的声音是否过大等。味觉指的是,是否有异味;是否有人抽烟;是否有吃东西留下来的余味等。

(3)营销管理。

营销管理的核心任务与实质是通过对门店的外观、环境、布局的精心设计,达到门店促销暗示和客户教育的作用。现场营销系统包括环境布置、功能区布局(利于促销流程和客户消费流程)等内容。

现场营销系统涉及的功能区是门店的外围、文化展示区、客户休息区(含展示柜台、宣传招贴、装饰画、服务器具等)、门店环境(音乐、气味),负责人是门店经理及日常清洁员。

门店的现场系统由多重要素组成,并且会直接影响到服务提供者与消费者的心理感受和行为。而主动服务的方式令服务更具挑战性,因为消费者和服务者同时出现在同一服务环境中,所以服务组织需要同时兼顾两者的不同需求,这使设计过程变得十分复杂。

空间布局方面,要尽可能增加营业面积,尽可能减少动作成本和提高工作效率,同时要考虑到引导客户的行进路线,从而为主动服务营销系统、分流系统的顺利运作提供条件。

环境条件是指服务环境的基本背景要素,如室温、照明、噪音、音乐、气味、色调等。服务环境的设计十分强调"人性化",色彩明快的服务环境能提高工作效率。

产品陈列指的是各类物品,如装饰品、服务器具、宣传单的布置,要以是否有利于顾客做出购买决策、是否让顾客更方便为原则,例如将主推产品放在必经之路中心且明显的位置,且摆放高度与平均身高等高,使顾客可以平视。

可以这样说,现场营销系统通过精心考虑门店的空间布局、环境设置、产品陈列,来吸引客户眼球,将门店变成一个无声的超级导购员。

（4）客户等候管理。

客户在等候阶段是比较容易出问题的，但如果做好这个阶段的管理，则会给客户留下好的印象，从而更容易成交。在做客户等候管理时，我们要从这个阶段客户的关注点入手。如果店内在排队的话，要维持好队伍的秩序，不要出现插队的现象；如果有条件，要为客户提供座位；可以提前告知客户需要准备的东西，或者提前告知客户的需求能否被满足等。

（5）设施管理。

设施管理指的是对店面内的各种设施设备进行管理。店面内的设备要有设备使用说明，将其责任落实到人；对设备进行定期的清洁和保养；对设备进行日常巡检，有了问题相关责任人要及时报修。

（6）人员管理。

人员管理指的是对店内的工作人员进行管理，各项工作都要确定好相关责任人，让店员按照相应的行为规范做事，知道什么是该做的，什么是不该做的，应该什么时候做。

在人员管理中，最先要做好的是合理分工。有句话叫"不患寡而患不均"，不合理的分工容易让店员心生不满，不利于店面工作的开展。同时，要做好相应的劳动纪律管理、服务质量管理、主动营销管理、消费者到店管理等。

2. 例会管理

很多人对例会不以为然，觉得这是一种形式主义，是一种浪费时间的会议。其实不然，例会能够提升店员的专业技能、推动店员的进步、凝聚店员的力量，有助于团队的长远发展。按照召开时间与频次的不同，例会又可以分为晨会、夕会、周会等，可以根据自己的实际情况召开不同的例会。

（1）晨会。

现场管理的晨会就是每天早上在公司的集体晨会之后，由团队长或部门主管召集团队成员进行的小范围会议。一般来说，晨会适合讲一些提气的、鼓舞人心的话，同时根据实际进度明确当日具体工作目标及分工衔接配合。晨会的时间一般非常短，大约10~20分钟，但是内容却可根据公司的实际需要进行安排。晨会的意义有激励士气、辅导员工、贯彻公司及部门的经营哲学、进行基础管理等。

（2）夕会。

夕会同晨会相对，一般在快下班的时候召开，是对这一天工作的总结。在夕会中，主管要带领员工对这一天的工作进行复盘，例如，优秀的员工可以介绍这一天的销售经验，而表现不好的员工则可以检讨自己的不足。同时，主管要向员工收集消费者反馈的信息，对业务展开指导。夕会主要起到销售活动量管理、解答员工疑惑、放松员工身心、搭建沟通的桥梁等作用。

（3）周例会。

周例会是每周由主管主持的工作会议，其基本内容包括经营检讨、政策解读、交流经验、计划制订、市场分析、组织培训等。

3. 培训管理

门店工作中的培训管理，实际上就是教员工一些技能技巧，目的是提升门店业绩、减少店长工作压力、减少员工流失。

要建立一个培训的管理制度，首先要先解决一个问题，那就是培训员工时，要避免这样的心态：没时间不肯教、自己做比较快、死活都教不会、教了他就跑等。然后，培训管理可以参考以下几个方法（如图10-2）。

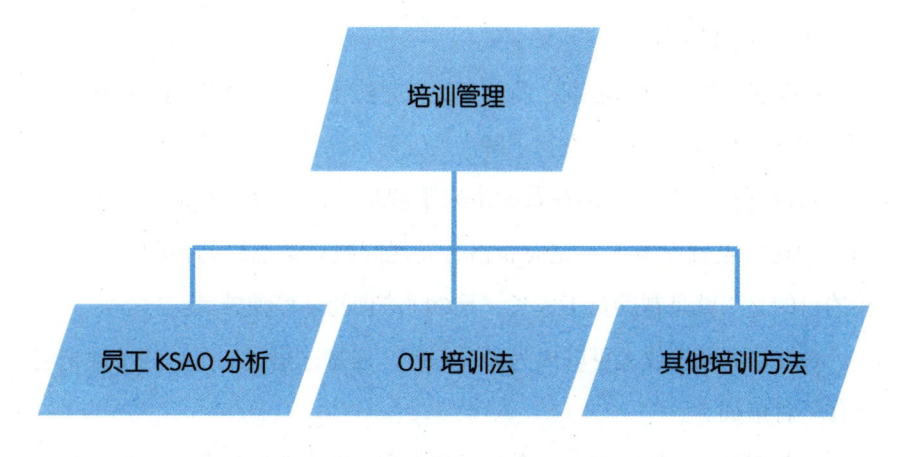

```
          培训管理
    ┌────────┼────────┐
员工KSAO分析  OJT培训法  其他培训方法
```

图 10-2　培训管理的三个参考方法

（1）员工KSAO分析。

人都有优缺点，但是很多人在评价他人时只关注缺点，KSAO模型就是不仅要发现人的劣势，也要发现人的优势，从而帮助员工结对互助。KSAO模型包括四个方面，K（Knowledge）是知识，包括基础知识、专业知识等；S（Skill）是技能，包括电脑操作技能、销售技能等；A（Ability）是能力，包括沟通能力、表达能力、活动处理能力等；O（Others）是其他，包括态度、性格、价值观等。

KSAO模型除了发现人的弱项，还可以发现人的强项。如果某个员工的沟通表达能力比较弱，但是其他方面的能力强，可以让这个员工在沟通表达能力之外的方面培训其他员工。通过KSAO分析出员工的优劣势后，管理者就可以有针对性地对员工进行适当的培训。

门店人太多，而KSAO分析需要很多时间。新员工一来，三个月之内，要注意观察并记录。老员工的很多信息都清楚了，但是有些能力还是需要对其继续观察。

（2）OJT培训法。

OJT就是工作中的培训，简单来说就是边干边学。如果要在工作中进行培训，就要提前对员工进行了解。

可以通过一件天天都在做的事来了解员工，那就是巡检。巡检不是填一张巡检表就完事了，完成表格、发现问题只是巡检的目的之一。巡检的目的之二就是帮助员工成长，是OJT培训的过程辅导。

OJT培训经过放大可以成为一项制度，但是这里我们可以简单地把它当作一种培训。

如果在KSAO分析中，一个员工的各方面能力都比较强，可以让他来做OJT培训。OJT培训需要对员工做很多分析，不同类型、不同能力的员工要进行的培训不同。

（3）其他培训方法。

以老带新：有些门店会做得相对正式，比如师徒相互鞠躬、徒弟敬茶，这样可以让新员工珍惜学习的机会，让师傅有责任感。

一带一：师傅一对一带徒弟，通常师傅会留一手，担心徒弟学完就不认师傅，这是最大的缺点。所以，要有后续的激励制度，要刺激师傅把毕生所学全都教给徒弟，要明确做到什么程度给多少奖励。

面对面辅导：我说你听、你说我听；我做你看、你做我看。

员工培训机制要做到长期与持续运行，要制度化、流程化。培训工作任务与积分激励相结合，在某些岗位直接加入培训职责，提高培训工作在绩效考核标准方面的权重。

第四节　经营单元诊训实战之团队管理

1. 团队与团队管理

（1）何为团队。

在了解团队管理之前，我们首先要认识什么是团队。并不是几个人组合在一起就是团队，团队有着自己的特征，在一个团队中，团队成员一定是为了共同的目标、共同的业绩而努力奋斗的。

团队是一个小的集体，人员不宜太多，一般在25人以内；团队成员的技能一般也是互相补充的，有的拥有专业的、技术性的技能，有的拥有解决实际问题的策略技巧，还有一些擅长人际关系的处理；团队成员有着共同的目标，并且有着达成目标的决心；团队内通常有着大家约定俗成或者默认的工作方法，并且这个方法是朝着实现目标的方向不断调整的；团队成员是相互依赖、彼此信任的，能够共同为最终的结果承担责任。

（2）何为团队管理。

团队管理就是把一车沙子凝聚成整块混凝土的过程。团队管理就是把大家的心聚在一起，就像将原来独立的"散沙"变成坚强有力的"混凝土"，让大家共同为完成目标而努力奋斗！

一个高能团队一定有着清晰的目标、严明的纪律、良好的沟通习惯，有着能获得内部支持的坚强的领导，有着能彼此信任、彼此协同的团队成员。因此，团队的目标、团队的凝聚力、团队的激励政策、团队成员的素质等都是影响团队绩效的关键因素。对于团队管理来说，团队的绩效管理、团队的人员激励以及团队的文化建设都是至关重要的。

2. 绩效管理

绩效管理方面要关注以下几个重点（如图10-3）。

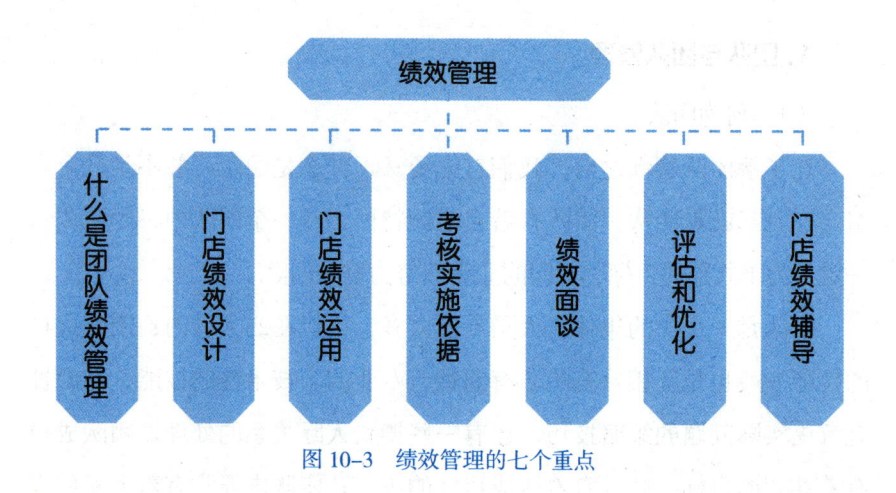

图 10-3　绩效管理的七个重点

（1）什么是团队绩效管理。

团队绩效管理是由绩效计划、绩效实施、绩效考核和绩效反馈这四个环节组成的一个完整的且不断循环的管理模式。

绩效计划需要店员和店长共同制订，并就标准、指标、权重、考核方式等达成一致，使店员做到对自己的工作目标和标准心中有数。

绩效实施要求管理人员定期与店员进行面谈，了解店员的工作进展；定期收集店里的报表和店员的绩效数据；对于店员偏离目标的行为要及时进行纠正；如有需要，还要回头对绩效计划进行调整。

绩效考核指的是管理人员依据绩效计划中制定的考核标准和指标对店员的绩效表现进行评价。

绩效反馈是店员和店长共同回顾店员的绩效表现，共同制订店员的绩效改进计划和个人发展计划，帮助店员提高自己的绩效。

（2）门店绩效设计。

对于门店来说，绩效考核是依据员工的实际工作来设计的，通常员工的正确工作方向是什么，就考核什么。不同的门店，要根据岗位不同来设置不同的考核标准。例如，张三和李四两个人都是销售岗，但一个是前台，一个是后台，考核的指标就不同。

例如，某门店就按照员工的岗位和工作内容将绩效考核分为两部分：销量考核和服务考核。销量考核可根据销售人员实际的工作任务设定，如移动业务、融合业务、固网业务等，同时也可以进行业务细分。销量考核有三个档次，每个档次对应不同的工资，考核分数越高工资也就越高。

不同于销量考核，服务考核重点考核行为，通常采取扣分制，员工如果和用户发生冲突，就会被扣分。服务考核的分数，直接影响基本工资系数。每个月的考核结果出来后，销量考核与服务考核的分数要合并起来，与工资形成对应。

制定考核制度的方法主要有两种：第一种是由主管自己制定，员工执行即可；第二种是主管与员工开会沟通，充分征求大家的意见，达成思想统一。

（3）门店绩效运用。

考核员工时，扣分往往多于加分，因此员工很怕绩效考核。很多管理者对员工说，如果他做了这件事情，就考核他。这就让员工觉得考核他就是惩罚他，考核突然间就变成了贬义词。但实际上，考核是中性词。

因此，绩效考核的目的要明确，扣分、严格要求等不是目的，目的是对员工有奖有罚，是增加表现好的员工的薪酬、激励表现差的员工，是激发员工积极性，让员工公平竞争。

目的明确之后,还要明确的是考核对象。定员定岗其实就是在讲考核的对象。新员工与老员工就是不同的考核对象,他们的考核指标也是不同的。例如师傅带徒弟,师傅的考核指标就要包括徒弟的进步幅度。

(4)考核实施依据。

绩效考核在实施环节可以依据以下几种方式。

第一,平均趋势。被考核对象只追求考核平均分,达标就可以了,不追求更高的考核分数。这种形势下管理者就应该进行强制比较,例如某一个员工在某项考核得分高,其他员工在这一项考核得分低,对分数进行强制对比,可以让大家有危机感。

第二,晕轮效应。店长有时会因为某个店员在一个方面很好,而产生好的印象,认为他在其他方面也很好。在实际考核过程中,这样会导致评价不客观。为了避免这种现象,店长可以增加评估次数,记录关键行为,可以把考核考评项目进行细分,减少不客观的情况。

第三,不适合替代。店员经常觉得有些考核指标可以用其他非考核指标来替代。例如,某个电信行业店员觉得融合业务的考核指标可以用合约计划来替代(因为这个店员的融合业务卖得不好,而合约计划卖得好,并且这两种业务都是在放号,所以可以替代)。其实每种业务的考核都与领导层的销售方向、销售目标有关,不能随便进行替代,考核标准要严格执行。

第四,近期影响。店长在得出考核结果的时候,往往依据近期印象而忘记之前的情况,因此要记录关键事件。

(5)绩效面谈。

绩效管理最重要的目的是让员工有成长,所以面谈是非常重要的,尤其是对于后进的或者表现突出的员工。绩效面谈要注意平时的沟通,员工最怕的是领导秋后算账。员工自己都不记得的毛病,被上司提出来后会有逆反心理。

（6）评估和优化阶段。

评估和优化阶段的三项工作分别是，整体绩效考核结果的分析；评估结果后的员工绩效面谈；应用绩效考核结果做下一步计划。

（7）门店绩效辅导。

绩效辅导的工作包括：公布考核制度；辅导员工做目标分解；与员工做目标沟通；目标呈现在考核表上。在绩效考核前，管理者必须与员工进行充分的交流，在本次绩效考核期内的工作目标和计划上达成共识。

3. 人员激励

马斯洛将人的需求从低到高依次分成了生理需求、安全需求、社交需求、尊重需求和自我实现需求这五类。相对应的，管理者在对员工进行激励时，也要遵循这些需求。人员激励的方式有很多，如沟通激励、授权激励、奖惩激励、参与激励、福利激励等。

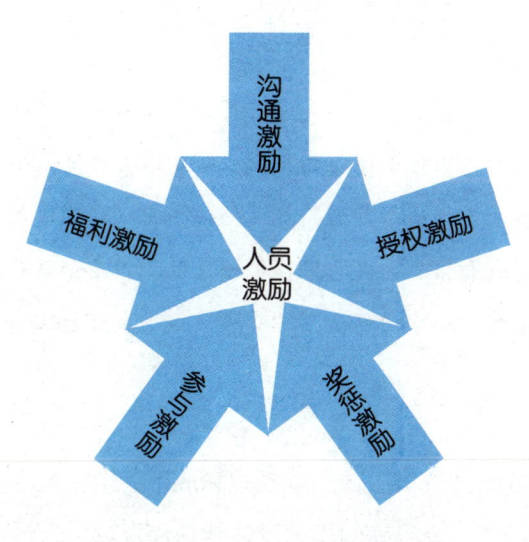

图10-4　人员激励的五种方式

（1）沟通激励。

沟通激励要按照告知情况—提供反馈—给予认可的路径进行。下面就是一种较为简单常见的沟通激励。

小李，你上一周的服务做得很不错，不仅按照标准完成了任务，还有一定的创新。例如建议大家在为客户推销产品的时候，改变原来直接推销的形式，运用"试用—介绍"的新方式，这种方式对店里的产品销售起到了很大的帮助作用。希望你在以后的工作中继续保持并发扬这种风格。

（2）授权激励。

授权激励指的是领导者要根据员工的实际情况转换领导风格，对新员工要以鼓励和督导为主，对熟练员工要以顾问和支持为主，对高效员工要以授权和放手为主。

以下就是一个错误的授权激励例子。

小张是营业厅的班长，小李是营业厅的骨干员工。月初公司将当月的指标下发至营业厅，小张就想把指标授权给小李，于是小张把小李喊到办公室，说："我决定把这个月的指标交给你安排，让你来对大家的指标进行分配和督促，我相信你一定会做得很出色的。但是如果月底完成不好的话，你要负全责！"小李回答说："店长，这个我可能做不来，你还是找别人吧。"

对小李这样的高效员工，要以授权和放手为主，但小张一句"你要负全责"不仅给了小李很大的压力，还让他深深感觉自己不被信任，因此，他当然要打退堂鼓了。

（3）奖惩激励。

很多人简单地将奖惩激励理解为"奖钱"和"罚钱"，其实并不是这样的。奖励和惩罚当然可以以金钱为主，但不能简单地将其理解为金钱上的奖惩。奖励和惩罚还可以包括员工看中的休假机会、培训机会、发展空间、口头表扬或批评等。

在实施奖惩激励的时候，要注意以下原则。第一，奖惩分明，不仅要对有功的员工进行奖励，对于有过或者无功的员工也要进行适当的惩罚或者批评；第二，奖惩要有依据，不能随心所欲；第三，要以奖为主，不到万不得已不要惩罚员工。

（4）参与激励。

参与激励指的是员工能够参与进来的，且能够对员工起到激励作用的活动。例如，准备一些自我激励的素材、开展新老员工经验交流会等。

（5）福利激励。

福利激励通常很直接，如休假、绩效奖金、升职、旅游、培训等。

4. 团队文化建设

（1）认识团队文化。

团队的文化有两个核心，一个叫作团队文化的概念，一个叫作团队的核心价值。以《亮剑》为例，大家有没发现李云龙带团队有一股冲劲？表现出来的是什么？勇敢、果决、永不放弃、执行力强，这些都是李云龙团队的特征，也就是这个团队的文化。

由此可以看出，团队文化是一种实践文化而不是理论文化；是可以看得到、学得了的行为，而不是故弄玄虚；是通过合力形成的，而不是靠一个人单打独斗的；是日积月累长期形成的，而不是一蹴而就的。

（2）建设团队文化。

对于一个团队来说，团队文化的建设是必须的，它对工作效率的提高、团队氛围的营造、店铺的发展都是必要的。

团队文化由展现形式和团队价值两个基本要素构成。团队文化可以依托故事、符号等载体形式进行展示，而团队文化的价值则是由理念和纲领决定的。

一个门店应该有怎样的团队文化呢？第一，门店要把用户放在首要位置。第二，要做好相关的配套服务，解决好每一位到店用户的问题，满足每一位到店用户的需求。

在外在的方面，团队文化建设可以通过宣传口号、图片展示、墙面展示等多种形式进行。例如，统一店员的用语，让团队的成员说一样的口号，有一样的目标，从而凝聚集体的力量；店面的电脑桌面、网络页面等能够展示图片的地方，放上统一的、能体现店面精神的图片；在店面的墙上划分一个区域，用来展示员工的风采，表现团队的活力。

在内在的方面，团队文化建设则要从制度入手，建立规范的管理制度，并按照标准严格落实，使团队能不断进行自我学习和自我发展。同时，团队还要做好计划管理、例会管理、创新管理、质量管理、学习管理等项目。这些项目的管理方法如下表所示。

表10-7　团队各项管理及对应的方法

项目	方法
计划管理	班组和个人计划；桌面日程管理软件、手机日程提醒、OA日程提醒

（续表）

项目	方法
例会管理	晨会、班前会、班后会、周会、月例会；头脑风暴法、PDCA 法
创新管理	ARIZ 创造性思维法、刺激并捕获新的思想的方法（思想库、记录手段、定语列表法、清单）、头脑风暴法、日常用品创意讨论法……
质量管理	质量流程记录填写、质量指标统计、分析和评估、QC 小组(QC 小组活动新、老七种工具)……
学习管理	获取学习资料的渠道、内部导师制度、技术经验交流、学习互动会、板报学习、读书分享会……